武内直子　たけうちなおこ●3月15日生まれ。山梨県出身。1986年『LOVE CALL』で第2回なかよし新人漫画賞入選、デビュー。1992年『美少女戦士セーラームーン』を連載開始後、世界数十カ国で単行本が出版され、アニメも世界各国で放映される。第17回講談社漫画賞少女部門を受賞。

三石琴乃様

小さい頃からセーラームーンを
見てきた私にとって三石さんは
本当にプリンセスのような存在
です！ お会い出来、共演できた
時は震えました…いつも美しく
皆に優しく、プロフェッショナルな
三石さんが大好きです。
これからもどうぞ
よろしくお願いします！
北川景子

北川景子　きたがわけいこ●1986年8月22日生まれの女優。スターダストプロモーション所属。2003年にモデルとして芸能活動を始め、同年ドラマ『美少女戦士セーラームーン』の火野レイ（セーラーマーズ）役で女優デビュー。主な出演作はドラマ『謎解きはディナーのあとで』『HERO』『家売るオンナ』映画『パラダイス・キス』ほか。三石さんとは、2021年に主演を務めた連続ドラマ『リコカツ』で母娘役で共演。

ことのは

三石琴乃

はじめに

『ことのは』をお手に取ってくださりありがとうございます。

書籍発刊のお話を頂戴した時、私には本にするような中身などなく、普通で面白味のない人間なんですと、担当の矢沢さんにお伝えしました。役や作品に取り組む私なりの感覚はありますが、それを言葉にするなんて、ましてや人様にお伝えするなんて、恥ずかしさよりも、単純に何のお役に立つのかと疑問を抱いていました。

んがしかし！

この書籍の中には、実にたくさんの私の『言の葉』がつづられています。ライターの倉田さんや編集の矢沢さんとお話を重ねる中で、想いや感覚が『言の葉』

となって目に見えるものになったのです。これは驚きです。蛇の道は蛇、プロってすごい。この二人、ただの紙フェチじゃないな。

いつもはセリフに気持ちを込める仕事をしていますが、気持ちを言葉にするのは何とも不思議で恥ずかしい作業です。

当時目をつぶっていたことや消化できなかったことなど、必然的に過去の自分や業界の出来事とあらためて向き合うことになりました。

なんてこった……。

＼琴乃さんの声で聞く
メッセージはこちら／

目次

第2章　うまくなりたい

第3章

三石的ポリシー

第4章

根幹と枝葉

第5章　色とりどりの言の葉

序章

みんなイモムシだった

真面目な劣等生

今でこそ、「声優」という職業の世間的な知名度は高くなり、この仕事に就きたいと夢を抱く人も増えてきました。でも、私が目指していた頃はまだまだ聞き慣れない言葉だったんです。〝せいゆう〟といえば、ほとんどの人がスーパーの名前しか思い浮かばないほどで（笑）。知っていても、普段、劇団で活動する俳優さんが外画やアニメの吹き替えをしているような裏方のお仕事という印象が強かったと思います。

そんな時代に、声優にスポットを当てて新人を育てようとしたのが『鉄腕アトム』のお茶の水博士役で知られる勝田久さんでした。勝田さんが創設した「勝田声優学院」。当時はまだ勝田話法研究所と呼ばれていたこの養成所に足を踏み入れたのが、私の声優人生のスタートでした。

私は5期生として入所したので、まだ創設間もない頃。すでに厳しいという評判がある学校でした。1年目は勝田さんのもとで演技の基礎をみっちり学び、2年目は研究科としてお芝居の技術を磨いていくという感じで、1年ごとに審査があり進級できない人もいました。声優の仕事に欠かせないアフレコの授業は、1年目の最後にほんのちょっとやったくらい。まずはしっかりとお芝居を身につけなさいという方針だったんです。今となってはそれがいかに大事なことなのかよくわかります。

とはいうものの、当時の三石にとっては、このお芝居重視の授業がなかなかに大変で。引っ込み思案で内弁慶な性格なものですから、積極的に人前で自分を出せなかったんです。1クラスに30人ほどの生徒がいて、勝田さんからは、「この中でプロになれるのは一人いればいいほうだ。そんな世界を目指している人間が、後ろのほうで静かに授業を聞いているようではだめだ」と、毎回発破をかけられていたのですが、それでも私は〝後ろのほうで……〟と、人の陰に隠れちゃうタイプでしたね。

2年目の研究科では主に水鳥鐵夫さんに教わり、3年目以降のゼミ科では自分で好きな講師を選べたので、そのまま水鳥さんと新たに野沢雅子さんの授業を取っていました。ほかの先生方が演技面を軸にされていたこともあり、マコさん(野沢雅子さん)の授業は徹底的に滑舌の訓練。毎回、大学ノート1ページ分ほどの新しい早口言葉の練習をするんです。それを3回繰り返しノーミスだったらクリアという形でした。

長文の課題にしたのは滑舌の特訓でもあり、プロの現場で長いセリフを言うときに必要な集中力を養うためでした。優しい方なので、生徒の力量に合わせて、採点の基準を調整してくださることもありましたね。

つらかったのはエチュードでした。マコさんがいくつかセリフを挙げて、その一つを取り入れた自作一人芝居をやらなければいけなかったんです。しかも挙手制で。私はいつも最後までできませんでした。頑張ってやっても、顔が真っ赤になって、手もブルブル震えて。物を取る仕草をすると、自分の手が震えているのが視界に入ってくるからさらに動揺してしまう。また、表現力も想像力も乏しかったので、まさに苦行。今思い出すだけでも心臓がキューーっと縮み上がってしまうほど大嫌いでした。

あの頃の私は、エチュードに限らず、目の前に出される課題に悪戦苦闘するばかりでした。養成所に飛び込んだものの、まさかここまで本格的にお芝居を学ぶなんて想像もしていませんでしたし、〝うまくやらなきゃ〟とか、〝みんな、こんな恥ずかしいことどうしてできちゃうの？〟といった変な意識が先に立ってしまって、本来いちばん大事である「心を動かすこと」が、まったくできていませんでした。周りと比べてしまい、ずっと自分を劣等生だと思っていましたね。

それでもやめようと思わなかったのは、どうしても声優になりたかったから。……という思いは根底にあったものの、単純に〝とにかくやらなきゃ〟という気持ちが強かったからかな。自分で言うのもなんですが私、根が真面目すぎるんです（笑）。課題を出されると、疑問を持つ前にとにかく体を動かす。まずはやってみよう、出されたボールはとにかく打ち返す、となるんです。同じ人間なんだから、練習すれば私もできるようになるはずと思ってました。

実は自分の真面目さは短所だと思っていましたが、その真面目さが結果自分を助けることになってたんですよね。実際に役に立つかどうかは後になってわかることです。それに〝初めてのことなんだから、最初はできなくてもしょうがない〟と柔軟に構えることも大事なのかな。

そして今思うのは、養成所時代の差とは、後でいくらでも取り返せるということ。個人個人によって成長の度合いはさまざまです。エチュードが大嫌いだった私も後に劇団で活動するようになって、声優の世界で生き残れているわけですからね。養成所で苦手な課題があって悲観されている方がいれば、「大丈夫」と言ってあげたいです。今は今。きっと苦手を克服して成長する時期が少し先なだけです。

水鳥さんと井の中の同期

勝田声優学院では本当に先生に恵まれていました。

中でも、水鳥鐵夫《てつお》さんは恩師であり、彼なくして今の三石琴乃は存在してなかったと言えます。生徒の一人ひとりにしっかりと向き合って言葉を届けてくれるので、引っ込み思案な私でも、自分から一歩踏み込んでアドバイスを頂くことができたんです。それに、人前で表現をするのが苦手だった私が演劇の楽しさを知り、養成所の仲間たちと劇団を作ろうと思ったのも、研究発表公演の際、水鳥さんのもとで演出助手になったのがきっかけでした。

本当はやりたい役があったんですが、残念ながら外れてしまったんです。ガッカリしつつも、演助として水鳥さんのダメ出しをメモして、役者に伝える仕事をしました。そうこうしているうちに、なぜこのダメ出しが出たのか、その意図はどこにあるのか、どう全体が変わっていくのか……といった、いち役者の視点とは違う、芝居を俯瞰《ふかん》で見ることを知りました。ほんっと目から鱗《うろこ》というか、お芝居を創っていくことはこんなに魅力的なんだと感動したんです。同時に、その中でやっぱり役者として頑張っていきたいと強く思いました。

その後立ち上げた「劇団あかぺら倶楽部」では水鳥さんに演出家として入っていただき、舞台公演を重ねていく中でスタッフワークはじめ芝居のいろはを学ぶことになります。

養成所時代は年齢も個性もさまざまな仲間たちがいました。そして同じ目的を持っている人たちがこんなにもたくさん集まっている場所というのを初めて経験した私は、みんなで一緒に夢を追っているような気持ちになれたんです。「私たち、声優になれるのかな?」「どうかな。けど、一緒に頑張ろうね!」って。それだけで前向きになれました。私がいた5期生はみんな個性強め、そして気持ちのいい面子がそろっていた気がします。

逆に、勝田さんは、「隣にいる人間はみんなライバルだ!」という考えの方でした。最初に聞いたときは、〝ひー!〟って思いましたけど、でも、実際はそのとおりなんです。笑顔で挨拶をしあう仲でも、一つのキャラクターを演じられるのは一人しかいないわけですから、それを取り合うことになる。

仲間だけどライバルだし、ライバルだけど仲間という関係。言葉にすると、ちょっと恥ずかしいですけどね。

在学中、先輩方がお仕事をもらったという噂が耳に入ってくると、羨ましさや嫉妬心よりもまず、希望が見えて大興奮しました。別世界に感じていたプロの声優への道筋がそこにあるような気がして。このまま鍛錬していけば、私も何かつかめるかもしれないって希望を感じました。

同期でも森川智之くんがナレーションのお仕事などをもらうようになり、その内容が学校の広報新聞に載るんです。それがオーディションを勝ち抜いたものなのか、どうやってチャンスをつかんだのかはわかりませんでしたが、でも自分より先に一歩ずつ階段を上っていっているという感じはして、少しずつ焦りも出始めました。

その一方で、どこかまだぼんやりしている自分もいましたね。〝私だって、やれることは精いっぱいやっている〟という思いがありましたから、期待と希望を持って、チャンスが来るのをジリジリと待っているような感じというのでしょうか……。ここからどう転ぶかわからないワクワク感と小さな不安感。そうした混沌《こんとん》とした想いを抱きながら、日々練習に励んでいました。

そんなモヤモヤした気持ちを軽くしてくれたのは、やはり仲間の存在でした。授業が終わると、水鳥さんも交えて、当時高田馬場にあったポケットというお店によくみんなでご飯を食べに行って。みんなお金持ってないから、ガチでお得なご飯セット(笑)。熱い演技論を交わすようなことなんてしませんよ。そもそも、熱く芝居を語れるほど、みんなの中に確固たるものはありませんでしたし。その頃人気だった小劇団の話とか、バイト先の話とか。私はみんなの話を聞いているのがとても好きでした。ただただ、ふざけあって、くだらないことで笑い合う。直接的なアドバイスがなくても、そうした時間でお互いを励まし合っていたんです。

勝田さんはよく、「1クラスの中でプロになれるのはゼロか一人」とおっしゃっていました。でも、私の同期には、高木渉くんや根谷美智子ちゃん、横山智佐ちゃんなど、今なお第一線で活躍する声優たちが生き残っています。後輩から「花の5期生」と言われることもあるけど、これはまさに奇跡。同じスタジオで共演できると今でも静かに感動しています。

ガビーン！　不平等まかり通る

養成所ゼミ科の頃、事務所の預かりとなりました。ただすぐに仕事があるわけでもなく、「もう少し勉強を続けなさい」と、附属養成所に掛け持ちで通うことになりました。そこで私、ちょっとした嫌がらせに遭うことになるんです。しかも講師から。

生徒たちが順番に課題を披露してアドバイスをもらうなか、必ず私の前で終わりになったり。また、その頃は千葉の実家から約2時間かけて通っていたのですが、電車が遅れて遅刻してしまった時、教室の鍵をかけて入れてもらえなかったり。何度ノックしても開かず、ドアの前でただ呆然と待っていました。

きっと、その時の講師に、「他所《よそ》で学んできた生徒をどうして自分が教えないといけないんだ」という気持ちがあったんでしょうね。最初からいた自分の生徒に少しでも時間をかけてあげたいでしょう。今ならわかります。でも、当時はまだ20歳ぐらいですからね。講師も声優として活躍中の方でしたから、いろいろ学びたいって思っていただけに、ガビーン！でしたね。

これは自分にも言っていることですが、人を指導することには、当然ながら向き不向きがある。売れているプレイヤーが良き指導者とは限らない。当時私は不幸にも落とし穴にすっぽり落ちてしまったということなんです。

その頃だったと思います。〝この世界は不平等がまかり通る〟と感じたのは。先生が気に入っている生徒が、あからさまに贔屓《ひいき》されているのを目のあたりにしたり、特定の子がいつもオーディションメンバーに選ばれたり。それが不適切な関係から来るものだったり。ただただ、夢を追いかけて頑張ろうと思っていた私にとっては〝ガビーン！もう、やめてー！〟って感じでした。

これから声優を目指そうと思われている方にとっては、あまり聞きたくない話だったかもしれません。ただ今後運悪く不平等な状況に出くわすかもしれない。理不尽で怒りが込み上げ、嫌悪感を抱くことがあるかもしれない。セクハラ・パワハラからは自分で自分の身を守らなくてはいけない。何か一人で解決できないときは、誰かに相談して吐き出してください。そして数年後には、芸の肥やしにしちゃいましょう。

少し前向きなことを付け加えると、ただ贔屓などでチャンスをもらっても、やがて必ず淘汰《とうた》されていくものです。

最後にはしっかりと実力を身につけてきた人だけが残ります。

では、混沌としたどんぐりの背比べのような中で、一歩抜け出す力を身につけるにはどうすればいいのか。

未来の自分を具体的にイメージして、1ミリずつでもいいから進み続けるしかないです。スポーツ界のように目に見えて順位がつくことがない芸事の世界です。自分にたくさん栄養を与えて訓練して、チャンスが来たときのために準備しておくしかないです。期限を決めて自分を試してみる、そういった人もいました。私なんかよりも断然輝いていた同期はスッキリキッパリ就職しました。それぞれ自分が選んだ人生を歩んでいき、そのどれもが尊敬できます。

私は勝田を出てから有志と劇団を創立して、芝居の鍛錬を続けました。声優の仕事をしながら、劇団で10年間活動しました。お客さんの前にさらされることは、とても恐ろしかったけど、チケット代を頂戴するということの重さを知りました。

そして劇団仲間は、養成所よりもグッと踏み込み合えるという意味で、とても力強い存在。たとえば仲間の芝居を見ることで、自分に今、何が足りていないのかを客観視することができます。逆に、自分の芝居がどう見えているのか、外からの視点で教えてもらえたりする。それに、同期ってウソをつくことなくお芝居の良し悪しも好き嫌いもはっきり言うし、本当にありがたい存在です。

初めて連続ドラマ『リコカツ』に出演した時、偶然アフレコスタジオで一緒になった元劇団仲間の根谷ちゃんに感想を聞きました。彼女はウソをつかないし、おべっかも言わないんです。舞台の芝居とも違うし、声優がドラマなどで芝居をするとｔｏｏｍｕｃｈな演技になりがちなので不安がありましたが、「大丈夫。面白かった」と言ってくれて。

彼女がそう言ってくれるのなら、大丈夫なんだと胸をなで下ろしました。

価値観が近く、客観的に自分を見てくれている人。本当のことを言ってくれる人。そうした仲間を見つけることは、声優に限らずどのような環境においても大事だと思いますね。

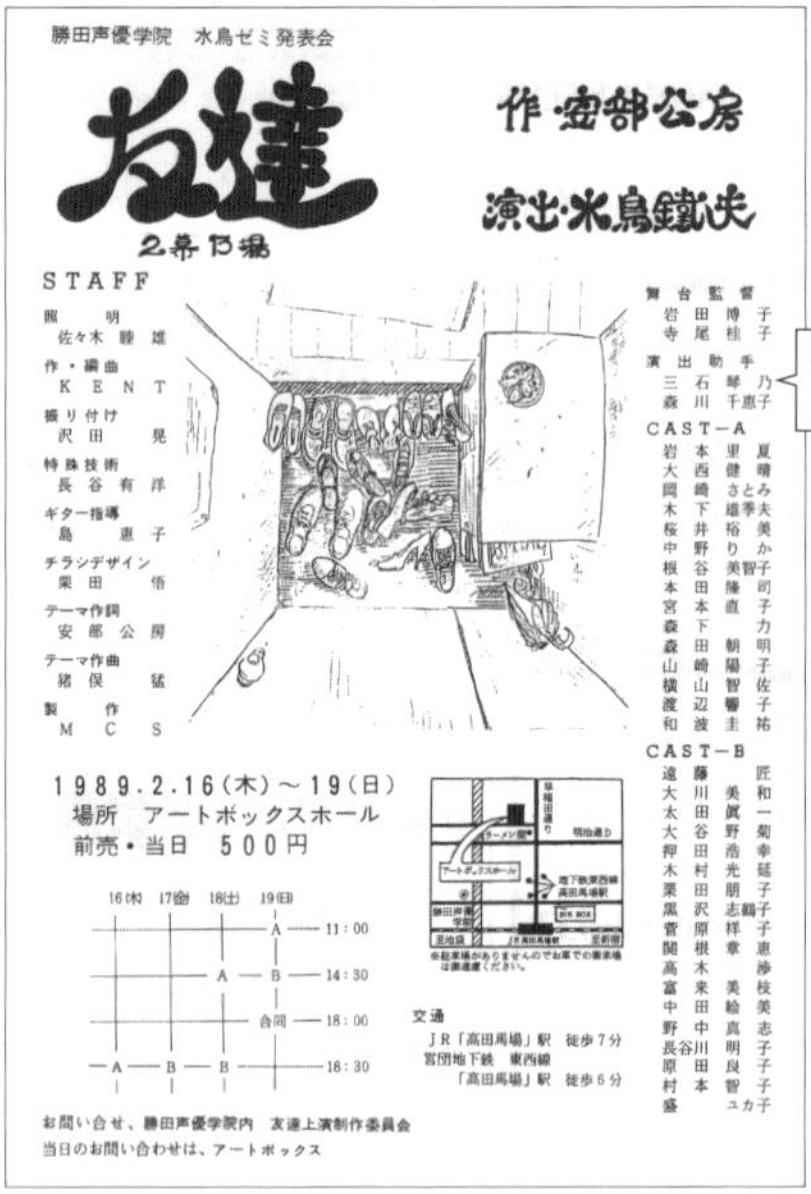

演出助手
三石琴乃

やりたい役から外れてしまい、演出助手を務めたゼミ科発表会『友達』のチラシ。チケット売りやスポンサー集めなど、学生たちの手作り発表会でした。

第1章

プロフェッショナルの洗礼

てやんでぇありがてぇ

初めてアニメのアフレコスタジオに毎週欠かさず通ったのは、『キャッ党忍伝《とにんでん》てやんでぇ』という作品でした。

なんと、お仕事ではなく〝番組見学〟で。プロの皆さんがアフレコをしている現場にお邪魔させていただき、間近で見学をさせてもらうんです。この体験は声優「三石琴乃」の基礎になる貴重なものでした。

当時、アーツビジョンの社長が勝田声優学院の特別授業に講師でいらして、その帰り道の方向が同じだったんです。雑談をするなかで、「番組見学をしたい」という話を切り出してみたところ、許可を頂きました。そして初日、紹介された音響監督の田中英行さんに言われたのは「来るなら番組の放送が終わるまで毎週必ず来なさい」ということ。それと、少し早めに来て、皆さんのお茶の用意をしておいてほしいということ。

アフレコが始まるのは16時。

その頃、私は会社勤めもしていたので、仕事が終わってから通っていたのですが、到着がギリギリになることがあって。

間に合わなそうなときはあらかじめ有給休暇を使ってでも、毎週必ず現場に足を運んでいました。そんなこんなで有給は使い切り、減給にボーナスカットになったっけ（笑）。

見学の私は、スタッフさんたちがいる調整室ではなく、マイクのあるブースの中に入れていただけたんです。きっと、キャストの皆さんもスタッフも最初は驚いたと思います。だっていきなりOLの格好をした女の子がスタジオの隅っこに座っているんですから！ 声優の先輩方はみんなラフな格好ですし、スタッフさんもスーツを着た人はほとんどいなかったので、ちょっと浮いた存在でしたね。ど緊張しながら出演の皆さんに挨拶しました。

初めて見る現場は、すべてが新鮮！ 勝田声優学院では、アフレコの授業というものをほとんどしていませんでしたからね。養成所で学んだことは、基礎練習やお芝居のメソッドなどが中心。ですから、目に映るもの全部が未知の世界、予備知識ゼロで臨んだスタジオは何もかもが刺激的でしたし、ずっと全身の毛穴が開きっぱなしだったんじゃないかな。

そうしたなかで、私は皆さんの迷惑にならないよう、隅っこからいつも見させてもらっていたのですが、第一線で活躍されているプロの方々の演技を目の前で見て、その声のパワーを体全体で感じることができたのは、何ものにも代え難い経験でした。

何がすごいって、やはり先輩方は集中力と表現力、そしてウチからあふれるエネルギーで輝いていました。

この頃のアフレコは、今のように事前に台本や映像資料を頂けるわけではなく、当日に台本を渡され、一度映像を通し見し、ラステス（※）、本番という流れがほとんどでした。それなのに、瞬時に息の合った掛け合いをされ、モニターに映し出される画ともピッタリで、すでにキャラクターたちがしゃべっているように見えるんです。

しかも、『てやんでえ』はギャグアニメなので、〝そんなのあり？〟というアドリブをどんどん盛り込んでいく。それを見ていて、私も笑いをこらえるのに必死でした。中でも衝撃的だったのは、持ち役以外の「ダブリの役」を、キャラクターを変えて同時に本番で決めていくんですよ。〝プロってすごい！〟と思いました。

ただ、現場を見学させてもらって、刺激や楽しさを感じたのは最初の頃だけでした。毎週スタジオにお邪魔して、皆さんの演技を拝見しているうちに、次第に自分との力量の差を如実に感じて、どんどんと落ち込んでいったんです。同じ空間にいても明らかに私と皆さんとの間には大きな大きな境界がある、って。

※編集部注：ラステス…ラストテスト。本番直前の最後のテストのこと。この場合、テストは一度しかしないで本番収録をするということ。

身のほどを思い知る

圧倒的に自分に技術が足りないのはわかる。

でも、何をどうすればいいのかがわからない。

毎週『キャッ党忍伝てやんでえ』で見学をしているうちに、そんなモヤモヤをずっと抱えるようになって。ふと、そばにいたたてかべ和也さんに「私はどうしたらいいんでしょう?」というあまりにも漠然とした質問をして、困らせてしまったこともありました。


それでも、ずっとスタジオに通い続けていると、そのうち、ちょっとした役でセリフを頂けたんです。そしてまた、少しセリフを、と。

もちろん、うまくできることはなく、「琴ちゃん、マイクこっちあいてるよ」と、皆さんがフォローしてくれました。レギュラーの皆さんに混じってマイク前に立つと急に萎縮してしまう自分がいて、ますます落ち込んだりもしました。それでも、なんとか必死にしがみついて……。アフレコ後の飲み会にも参加して皆さんのお話を聞いたり、自分のセリフの感想やアドバイスをうかがったりしました。

そうして少しずつ育ててくれた音響監督の田中英行さんが、翌年（91年）に放送されたアニメ『ジャンケンマン』に呼んでくださり、チョッキンという役でレギュラー出演することになったんです。男の子の役は初めてでした。顎を引いて、少し低いトーンでしゃべるといいよとアドバイスしてくれたのも田中さんです。この番組ではグーヤン役の矢島晶子ちゃんと仲良くなり、ご飯など食べに行ったりして交流を深めました。彼女は、舞台に出演していた時にその声の魅力を発見されて、声優の世界で仕事をするようになった方なんです。

前章で〝この業界は不平等がまかり通る〟というお話をしましたが、逆に言えば、自分次第で突破口を見つけ出すこともできるんです。新人がひょこっと現場に現れて、〝ん？　なんか変な子が来たぞ!?〟と思ってもらったり、顔と名前を覚えてもらうことも、チャンスをつかむための手段の一つなのかもしれませんね。

とはいえ、中には、「そうした営業的なことってマネージャーの仕事なのでは……?」と考える人もいると思います。

たしかに、そのとおり。

でも、マネージャーに頼ってばかりいないで、自分から動いてみるといい結果を生み出すことが多いと私は思います。考えてみれば『てやんでえ』も『ジャンケンマン』も、どちらもオーディションではなく、自分で「現場の見学に行かせてください」とお願いしたことがきっかけとなっているわけです。向こうから機会が来るのを待っている受け身の人が多いなか、ダメ元でもいいからアクションした人に運も味方するのではないかな。

もしかすると、時代が違うので、個人的に動くのは身勝手な行動と取られるかもしれません。以前、後輩に「見学のお願いしてみたら?」と提案したものの、丁重に断られたことがあります。業界内のバランスやルールを守るために、事務所から止められている可能性だってありますね。

それでも本気で〝どうしても声優として成功したい〟、〝お芝居がしたい〟という熱意を持っていれば、応えてくれる人や先輩は必ずいると思います。
こうすればプロになれる、という確実な方法はありません。だったら……
夢を叶えるために、自分から行動する。

そして、やるからには中途半端で終わらせないことも大事。本質にたどり着くには時間が必要です。

私が番組見学を始める時に田中さんから言われた、「来るなら最後まで来なさい」という言葉。その真意は、直接聞いたわけではないのでわかりませんが、きっとそこには、〝たった1回や2回の見学だけでは「すごい!」「面白かった!」という感動で終わってしまうから、意味がないぞ〟というメッセージがあったように感じます。
1年という期間のおかげで、あのとき私は痛いほど身の程を知って、目指すべき山の高さを知ることができたのですから。

リテイクの雨あられ

『ジャンケンマン』が91年の4月に始まり、同時期に『新世紀GPXサイバーフォーミュラ』もスタートしました。

人気作でしたので、少しずつアニメ誌で取材を受けるようになりました。初めてファンレターをもらったのもこの頃でしたね。

音響監督は、その後『機動戦士ガンダムSEED』などでもお世話になる藤野貞義さん。藤野さんは当時、日曜夜に放送されていた「世界名作劇場」の音響監督を担当されていて、90年に放送された『私のあしながおじさん』に、女の子Aや子供Bなどで少しだけご縁があったんです。作中の脇で登場する小さな役は、メインレギュラー声優が所属する事務所から、新人が数人起用されることが多いのです。私もその一人でした。そういった脇役のセリフはたった一言……、されど一言でした。

『サイバーフォーミュラ』については、ちょっとした運命的なことがありました。『サイバー』でスケジュールの問い合わせが入った時、すでに同じ曜日、同じ時間で学園モノの外画作品が入っていたのです。私はレギュラーで生徒役を担当していました。通常はレギュラー時間が空いていないとお話にならないのですが、当時所属していたアーツビジョンの社長が、「三石琴乃の今後のためにも『サイバーフォーミュラ』に出演させたい」と関係者に掛け合ってくれたのです。その結果、生徒役は別の方へとバトンタッチする形となり、私は菅生あすか役を担当することに。今思えば、これは多くの声優を抱える事務所だからできたことなのかもしれませんね。制作会社と事務所の信頼関係がないと成立しなかったと思います。事務所のありがたさに感謝しました。

『サイバー』の現場はすごく楽しかったです。振り返ると、『てやんでえ』の頃から本当に私はスタッフや共演者の皆さんに恵まれていたなぁって思います。速水奨さんや龍田直樹さん、島田敏さんなど、個性豊かな先輩方がお芝居はビシッと決めつつさらに面白いアドリブを入れてくるんです。飯塚昭三さん、松岡洋子さん、関俊彦さんたちは、休憩中はとても朗らかに談笑しているのに、本番になるとテンション高くカッコいい。その中に、新人だった私と緑川光くんと置鮎龍太郎くんが放り込まれてもまれていました。今でも二人とは、当時を共に闘った同志のような絆があります（笑）。

藤野さんはとてもデリケートに演出をされる方で、いっさいの妥協がない。当然、新人の私はダメ出し、リテイクの嵐。でも、そうやって鍛えられたおかげで、今の私があると言えます。

……なんていうと、とても美談に聞こえますが、当時は苦しくて、つらかったですね。藤野さんから言われたとおりのことをやっているつもりなのに、それを形にできない。つまり表現力がなく、未熟すぎる自分にいつも悔しい思いをしていました。

それに、自分だけならまだしも、共演者の皆さんにも迷惑をかけてしまっていたんです。というのも、リテイクをする際、私のセリフだけでなく、一つの流れのシーンごと録り直すので、会話をしているキャストも一緒にやり直し。つまり、大先輩だろうが巻き込んでしまうわけです。ひたすら、〝申し訳ありません！〟、〝本当にすみません!!〟という気持ちでした。

でも先輩たちは作品を良くするために、嫌な顔一つせず付き合ってくれるんです。「一つ前の、僕のセリフから出たほうがやりやすいよね」と言ってくれたり。収録が終わっても、自分の中ではまるで達成感がなかったですし、いつも帰りの電車でうまく言えなかったセリフをブツブツと練習しながら帰っていましたね。もう、録り直すこともないのに。

オンエアを見るのも怖かったなぁ……。自分の役だけ浮いちゃってる感じがして。もちろん、福田巳津央《みつお》監督や藤野さん、音響スタッフがしっかりと形にしてくださっているので、一般の方がアニメを見ている分には違和感は感じなかったと思います。でも、自分で見ると、先輩方の演技は自然なのに、私のシーンだけ物語もセリフもつながっていないように思えてしまうんです。現場ではニコニコしていたけど、本当は心の中で落ち込んでいることが多かったです。

ただ、落ち込んでいても何の解決にもなりません。その日の本番は二度と訪れず、オンエアされてお客さんに届けられていく。

次はちゃんとしなきゃと思うのです。そんなときは、やはり練習あるのみでした。劇団の稽古に出て仲間とお芝居に集中したり、アフレコ現場で先輩たちのお芝居を見たり。朱に交われば赤くなる、じゃないですけど、上手な人たちと一緒にいれば何かをつかめるかも、と思いながらもがいていました。

ミラクルな一目ぼれ

92年、『美少女戦士セーラームーン』と出会います。

天にも昇る気持ちとは、このことを言うのでしょう。月野うさぎ（セーラームーン）役に決まった時は、言葉で言い表せないほどの喜びを感じました。

原作マンガとアニメが同時に展開していた作品でしたので、詳しい内容はオーディションを受けるまで知らされていませんでした。スタジオに行き、そこで初めてセリフが書かれた紙と、武内直子先生が描かれたセーラームーンの変身前と変身後のコスチューム姿や横顔のイラストを渡されたんです。私、その時のイラストを今も大事に取っていますが、一目見た瞬間に、「かわいい！　この役、絶対にやりたい！」って思ったんです。一目ぼれみたいでした。

オーディション用のセリフには月野うさぎが朝寝坊してドタバタしている様子のほ

か、変身の「ムーンプリズムパワーメイクアップ」や、決めゼリフである「月に代わっておしおきよ！」も。しかも、現場にいらっしゃったシリーズディレクターの佐藤順一さんが、これからオーディションを受ける私たちの前でポーズ付きで説明をしてくださったんです。男の人がおしおきポーズをする姿を見て最初はびっくりしましたが、いかにスタッフがこの作品に誇りと情熱を持っているかが伝わってきて、ますます〝このアニメに出たい！〟って思ったのを覚えています。

気持ちが決まれば、あとはもう悔いが残らないようにやるだけ。とにかく大きな声で元気にやろうと、そのことを一番に考えて臨みました。

幸運だったのは、『ジャンケンマン』の現場で折笠愛さんが必殺技を出すときのセリフを、すぐそばで聞けていたこと。毎回、溌剌《はつらつ》と、気持ちのいい音域と伸びで表現されていました。また少女がかわいらしく拗《す》ねる気持ちは、『てやんでぇ』見学時、水谷優子さんのキュートなヒロインを目の当たりにしていました。達者な先輩たちの芝居が、自然と脳裏をよぎって、月野うさぎとの縁をつないでくれたのかもしれません。番組見学で鬱々《うつうつ》としていた時間は無駄ではなかったんですね。

共演者の面々を知ったのは、第一話の台本を頂いた時でした。当時、東映の作品には青二プロダクションの声優が多く出ているのが習慣になっていましたので、まさしく完全アウェイ、青二のベテラン勢の中に、別の事務所の新人がポツンといるという状況。現場で初めて皆さんとお会いした時も心臓がバクバク鳴っていました。〝うわ〜！　テレビで見てた声の人たちだ！〟って。

初収録の時はどんな感じだったのかな……。香盤表の一番目に自分の名前が印刷されていて、うれしさとプレッシャーで鼻血が出そうでした。緊張でどんな芝居をしたかは覚えていないです。ただ、前日に夢を見たんです。スタジオに入って台本を読もうとするんだけど、照明が暗くてまったく字が読めず、どうしようと焦っている自分がいるんです。マイクはすべて端っこに片づけられていて、その場所からは映像がよく見えないんです。真後ろからは、そのときまだお会いしていない古谷徹さんや潘恵子さんが座っている空気を感じて……。ホント、夢で良かった〜（笑）。

初めての主演作、そうそうたる共演者の存在ということに加え、初めての東映作品だったということも、一つ大きなプレッシャーでした。

東映アニメ作品は、実写映画作りの体制を踏襲《とうしゅう》しています。監督が演出するのが通常なので、アニメも各話監督がアフレコの演出をします。アフレコ専門の音響監督がいないんですね。シリーズ全体を監修するシリーズディレクターはいますが、毎話、別の監督が現場に来て演出するんです。だから、〝先週と言ってることが違うぞ〟ということも当然よくあったんですね。そのことを事前にいろんな先輩方が教えてくださり、「だから、自分の中でしっかりと一本筋の通ったキャラクター像を作り上げていかないといけないし、疑問に感じたことはちゃんと伝えていかないとダメだよ」とアドバイスをもらっていたんです。音響監督頼りではなく、自分の中でしっかりキャラの芯を持って個性を作っていく、大きな命題を抱えました。そんなこともあり、いつも現場に向かうときは、「いざ、決戦の場へ！」という心持ちでしたね。

もちろん、実際のスタジオはそんな戦いのような殺伐とした空気はなく、穏やかな現場でした。タキシード仮面役の古谷さんはいつもニコニコされていましたし、ルナ役の潘さんは「うさぎちゃん、隣いらっしゃい♡」と、近くでフォローしてくれました。おかげでセリフに集中することができたんです。

「向いているかも」と思えた瞬間

月野うさぎは、ＴＶシリーズで初めてつかんだ主人公でした。

座長なんだから座組をまとめようとか、引っ張っていかなきゃといった余裕はまったくなかったです。台本は毎回、手汗と手垢で汚れてブヨブヨになるほど読み返しました。〝大丈夫！〟と思えるぐらいまで消化させないと、ただ怖かったんです。現場でわからないことが発生したり、消化しきれずにセリフを言うと、ほぼトチるんです。ですから、いつも疑問がないようにして収録に臨んでいました。本当に、ただ真面目バカなんです、私（笑）。

作品の人気を実感したのはいつ頃だったかな？　当時はＳＮＳもありませんし視聴率が出るのも遅かったので、反響が耳に入ったのは随分たってからだったと思います。

ある日、電車で小さいお子さんが「早くおうちに帰って『セーラームーン』を見るんだー！」って話しているのを聞いて、〝あ～。届いているんだなぁ〟って感動をかみしめることがありました。また、『サイバーフォーミュラ』アスラーダ役の小野健一さんとお仕事が一緒の時に「琴乃、あのアニメ、いいよ！」って、わざわざ感想を言ってくれたんです。そうやって先輩方や同業者から直接うれしい感想を頂けるのはなかなかないことなんですよ。励みになりました。

バラエティ番組でとんねるずの石橋貴明さんがカメラに向かって「月にかわっておしおきよ！」と言っているのを見かけた時は、子供たちだけじゃなく大人も見てくれているんだと、驚きました。おかげでさらに、別世代に広がっていったのでしょうね。

番組放送開始後、徐々にアニメファンの間でも作品人気が高まり、アフレコスタジオの前に入り待ちや出待ちが現れるようになりました。男性ファンが「頑張ってください！」とお手紙やプレゼントを渡してくださるのですが、その勢いと人数の多さに圧倒されて、私はいつも足早にスタジオの中に入ってましたね。

そうそう。あるとき、その中の一人が一緒にスタジオに入ってきたんです。怖くなってにらむように振り向いたら、九助役の阪口大助くんだったということがありました。大ちゃんも新人でスタジオに慣れておらず、建物の前に人だかりができているのを見て、まだ中に入れない時間なんだと勘違いして、ファンの方と一緒に待っていいたそうなんです。そこへ私がやってきて、ツカツカと中に入っていったものだから、〝あ、入っていいんだ〟とついてきたところ、私にキッとにらまれてしまったと。「あ……僕、出演者です」と言われて、「……え？　あ、出演者⁉」ってビックリしちゃって（笑）。大ちゃんに会うと、ときどきこの話題で盛り上がります。

『美少女戦士セーラームーン』のテレビシリーズはその後、97年まで5年間続きました。あらためて素晴らしい作品に関われて幸せに思います。月野うさぎは、ドジで泣き虫なヒロインですが、誰にとっても絶対的な味方でしたからね。

印象に残っている収録の一つは、第3シリーズ（『セーラームーンS』）の土萠ほたるちゃんとのシーン。地球の絶体絶命の場面、ほたるちゃんがセーラーサターンとして覚醒。自らの命と引き換えに敵を消滅させるのを止めようと、何度も必死に「クライシスメイクアップ！」と叫ぶのです。画は大きなアクション、涙で顔はぐちゃぐちゃ、でも諦めないセーラームーン。なんとその時、画に合わせて芝居をするのではなく、まるでキャラクターが私の芝居に合わせて動いているような、初めて味わう不思議な感覚があったんです。私自身も、涙と鼻水でひどい顔でしたが、ブレスも尺もピタッと合いました。ものすごく集中していたから、反射的に画と同じ芝居ができたのだと思います。〝この仕事、向いているかもしれない〟って思えた瞬間でした。

ただ、本番収録の後に、同じシーンをもう一度録り直しになったんです。再度集中して演じたつもりでしたが、やはり自分ではリテイクより本番のほうが熱量が高かったように感じ、つい生意気にも調整室に行って、「私は最初のほうが気持ちが入っていたように思います」と言ってしまいました。初めてのことでしたね。あそこまではっきりと自分の意見を伝えられたのは。たしか放送は本番テイクを採用していただけたと思います。

シリーズ3年目ですし、スタッフさんたちとの間に信頼関係が築けていたからできた発言ですが、本来、演出がＯＫを出したものに対して役者が異議を述べるのは越権で、失礼だと教えられました。よほどのトチリがないかぎり、リテイクで抜いたセリフより、流れで録った本番テイクのほうが、断然いい掛け合いになっているんです。本番がイマイチだったからといって、自分のセリフだけ「もう一回いいですか？」と役者側から言うのは共演者を置いてきぼりにする一人よがりだよと、先輩から言われたこともありました。とどのつまり、一度だけの本番に集中しなさいということなんですね。

革新的なエヴァの現場

この頃、抱いていた夢がありまして。イイ女の役をやりたいと思っていたんです。それが叶ったのが『新世紀エヴァンゲリオン』の葛城ミサト役でした。テレビ放送が始まったのが95年で、そのとき私は27歳。ミサトは29歳の設定でしたから、わずか2歳差、されど2歳差。私にとってはすごく大人の女性に感じていました。

『エヴァ』に関しては何かにつけ大変だったという思い出が一番です。それはTVアニメも劇場版も。テレビ版の音響監督は田中英行さんでしたから、また楽しい現場になるかしらなんて思っていたけど、第一話の台本を読むと、ミサトはいきなりたくさんしゃべってるし、不思議なワードが多く〝えーと……意味とニュアンスはこれで大丈夫なの?〟と暗中模索のスタートでした。それに、年上の女性であることを変に意識してしまっていたんでしょうね。背伸びをして、いかにもお姉さんというようなしゃべり方をして、自分でもしっくりきていないのがわかっていました。

共演者の方々が着実に役になじんでいくなか、私だけ上滑りしているようでした。それを見透かしたかのように、当時キングレコードのプロデューサーだった大月俊倫さんから、「琴ちゃんだけ出遅れてるね」って言われちゃって。自分がいちばんわかっていたから、本当に悔しかったです。一度ドーンと落ち込んだけど〝待てよ、自分の年齢とそんな変わらないはず〟と思い直し、作ることをやめて感情に素直にしゃべるようにしたんです。そうしたら、窮屈に感じていた苦しさも徐々になくなっていきました。

衝撃のテレビ放送の後、新劇場版から、庵野秀明監督が直接音響監督も務めるようになりました。これは私の勝手な印象ですが、庵野さんの目指すお芝居は〝的が狭い〟んです。毎回、〝今日は当たるかなー〟という思いで現場に向かっていました。

後から聞いた話ですが、私のセリフに関して初回のテイクを使うことが多かったそうです。リテイクの数は多いものの、それは決してダメだからやり直すのではなく、違うアプローチでピンとくる表現を求めていたんでしょう。とにかくいろんな可能性を試されるんですよね。そこまでこだわる音響監督はなかなかいらっしゃいませんし、アニメ収録の現場としてはすごく時間がかかったので、当時業界ではウワサになりました。体力も集中力も消耗しましたが、それ以上に私には得るものがたくさんあったように思います。

庵野さんの現場で、ほかにはない演出を感じたことがありました。セリフの切り貼りです。それまでは、たとえば3行のセリフがＯＫならば、まるまる使っていただくのが当たり前のように思っていました。でも、庵野監督の場合は何度もテイクを重ね、その中から欲しい部分を編集して組み替えることもあるようでした。データ録音になったからできることだけど、とても手間のかかる作業。実写映画ってそうなのかしら？

新劇場版の初期の頃、完成した作品を見て「あれ？」と思ったんです。〝私、こんなふうにしゃべった記憶がないんだけどな……？〟って。

そしてセリフを編集していると気づいてから、〝そうか、これが庵野さん流なんだ〟と理解しました。庵野さんは「テイクが違っても、芝居のいいところを組み合わせて、しっくりくるかどうかで選んでます」とのことでした。となると、私は彼が求めるテイクを提供できるよう、一点集中で、〝よ〜し、何本でも希望するだけのセリフを投げましょう！〟と覚悟を決めて臨みました。そして、強弱や緩急のこだわった完成品を見て衝撃を受けるのです。

また庵野さんは「声優さんは口パクに合わせる技術が素晴らしいのですが、そこは無視して自分の間でいいです」と、役者の心情を尊重してくれることが多いです。ＴＶ版のように放送の尺がきっちり決まっている場合は難しいですが、劇場版などでは可能。キャラの表情も限定しないよう、あえて顔が見えない背中やオフの画にすることもあります。

そもそも声優は、出来上がった尺の口パクやブレスにピタリと合わせ、なおかつ気持ちを入れ込めてしまう特殊技術。そこに美徳を感じます。でも口パクという制限が外れることで、自由度が高まり、役者はそのときどきの感情に身を委ねていろんなお芝居ができる。

ただし、このやり方はなかなか終わりがなく、時間がかかってしまうのですが……。劇場アニメで３回も４回も呼ばれるなんて、『エヴァ』だけです。

でも、常識にとらわれない発想がたくさん詰まっていて、まさに唯一無二といえる、刺激的で革新的な現場でした。

ダメ出しは、「作品愛」

20代の頃は本当にダメ出しが多かったですね。技術も経験も少ないんだから当たり前なんですけど。わかっていても落ち込みました。でも、欠点や知らないことを教えてもらえるわけですし、勉強だと思えば前向きにもなれました。

キャリアを積んでも演出家の要望したお芝居ができなくて泣きそうになることはあります。家に帰ってもズーンと落ち込んで、引きずります。そしてその悔しさを抱えたまま次の仕事に臨みます。「仕事で失った自信は仕事で取り返す」しかないから。打たれて沈んだら、その分高く跳び上がれます。シンドイけどそうしてバネを強くしていく。その連続だなと思いますね。あとこっそり、ほかの役者へのダメ出しを聞いて、その人がどう変わるのか、自分だったらどんなニュアンスで行くのかと研究したり。

そもそも、ダメ出しという言葉が良くないですよね。だって、決して〝ダメ〟ばかりではないんですから。お芝居をより良くするためのアドバイスであり、スタッフと一緒に考えていく創造作業です。そのためにも役者は、どんな要求が来ても柔軟に対応できるいろんな引き出しを用意しておきなさいって言われるのですね。

今の若い方には、自分一人のためだけに現場が止まってしまうことに申し訳なさや怖さを感じてしまう人がいるかもしれません。痛いほどよくわかる。

でも違う角度から見れば、もしかしたら作品愛とも言えるのかな、ダメ出しって。

『セーラームーン』の現場で、こんなことがありました。ある先輩が、「このセリフは言えません」と言い出したんです。理由はわかりません。筋が通ってないと思ったのか、ポリシーに反していたのか、はたまた単純に難しかったのか。キャリアのある方だったので、スタッフも役者陣も何も言えなくて現場が一瞬止まったんです。

その時、普段はとっても穏やかな京田尚子さんがピシャリと「あなた、役者なんだから、監督に言われたことをちゃんとやらなきゃダメよ」とおっしゃったんです。「自分の中で腑に落ちないことがあったとしても、現場ではディレクションされたとおりのこともできないとプロじゃないわよ」と。

ベテランの先輩が、常々そうした思いを胸に秘めてお仕事をされているということに、はっとして、深く感動したのを覚えています。

初めてもらったギャランティは「取っ払い（現金支給）」。
今も使わず取ってあります。

第2章

うまくなりたい

マネっこも一つの手

新人の頃は、先輩方の演技を見て自分の未熟さに落ち込んでいた、というお話を前章でお伝えしました。

ただ、いつまでも怖がってばかりいられません。養成所時代から言われていたのは「マイクの前では先輩も後輩もない。〝自分もプロだ〟という気持ちを常に持て」ということ。たとえデビュー作であろうと、先輩方と同じ土俵に立っている意識を持たなければならない、と。

そのとおりだなと思います。作品をご覧になっている方にとっては、新人もベテランも関係ないわけですからね。仕事をしてお金をもらう職人なんです。

ときどき、「どうすれば演技がうまくなりますか？」と相談をされることがあります。これについては、一概に〝こうしたほうがいい〟という明確な答えは出せないのが本当のところ。

人によって個性も上達スピードもそれぞれですから。そもそも、その答えを知っていれば、私はもっと苦しまずにお仕事ができているはずです。スタニスラフスキー（※）すら通ってこなかったんですよね……。

ただ一つ言えるのは、プロの中にいれば、自然に上達するということ。新人から見れば、先輩方のレベルってものすごく高いんです。その技量を隣で感じているだけで、自然と引っ張ってもらえるんですよね。

一緒にスタジオの中にいると、今まで知らなかった衝撃の表現の応酬なんです。まるで宝石が飛び交っているようでした。私はいつもそれを、小さな器で必死に拾い集めていました。

でも、その集めたものが身になっているかどうかは、時がたってみないとわからない。しっかりした基礎がないと、自分のものとして使うことはできないでしょう。それを実感するためには、めげずに食らいついていくしかないんです。たとえ牛の歩みのような進歩でも、少しずつは前に進んでいると、自分を信じて。

うまい人のマネをしてみるのも一つの手かもしれません。

「盗んでも罪にならないのが人の芸。ま、盗めるもんならね」これは先輩から言われた言葉で、私もよく挑戦していました。

私の場合、モノマネというより、〝形から入る〟感じ。アフレコ現場での先輩方のお芝居を覚えておいて、後で台本を見ながらそれを自分でもやってみるんです。

まあ、どれだけマネしたところで、とうてい先輩たちのお芝居に到達することはないし、違った表現になる。でも、とことん極めればそれがやがて個性となり、オリジナリティへとつながる鍵になっていくのかも。

〝あの人はなぜ、このセリフのこの単語を強調したんだろう？〟と思ったら、マネて、味わっていくことで、その役者の意図が見えてくる。立てる言葉が変わるだけで、意味はガラリと変化します。その役らしさも浮き上がってきたりして、うわ〜脱帽です！となったことがあります。

〝何げないセリフを、どうして明後日の方向にポーンと投げるような芝居をしたんだろう？〟と心に残ったのであれば、後で模倣してみる。するとそれは、自分の中からは絶対に出てこないであろう大胆な表現との出会いになるんです。

実は近頃、素敵だなと思った後輩のマネをしてみることもあります。ナレーションでは、男性のナレーター口調をマネて勇ましさを研究したり。格闘系番組では実際に役に立っています。

※編集部注…コンスタンチン・スタニスラスフキー　ロシアの演劇人。100年ほど前に提唱された演技理論「スタニスラフスキー・システム」は今も俳優養成の基本原理とされる。

一期一会の瞬間、役の隣に

私は、自分のアフレコ姿を見られるのが苦手です。もう、顔じゅうの筋肉を使ってしゃべっていますからヒドイ顔をしています（笑）。アニメーションでは、人間以外の生き物を表現する場合がありますし、デフォルメした顔にあてることもあります。本来なら全身を使って表現したいところですが、マイクから外れると声を拾えなくなるため体を動かせない。その分、顔に集中してしまうのかな。とてもじゃないですが、人様に見せられるものではありません。

以前、アニメのビデオ特典でレギュラー声優のアフレコ表情を撮影したことがあります。私も撮影したんですが、パッケージができて収録された特典映像を見ると、なぜか私の顔だけ静止画になっていたことがあるのです。え、どうして⁈とショックを受けました。きっと外に出してはいけないほどヒドイ顔をしていたんでしょうね（笑）。

でも、自分は先輩方のお芝居や顔の表情を勉強のためにと、いつもこっそり観察していました。マイク前でしゃべっているとき、誰かがこっちを見てると気づくものです。なので、こっそり邪魔しないように。

今でも、許されるのであれば、自分の出番がなくてもスタジオの中にいて、共演者の芝居や物語の成り行きを見るようにしています。

ときどき（コロナ前ですが）、本番中自分の出番が終わった役者がそぞっとスタジオから出ていく様子を見かけるようになりました。時代の流れなのかもしれません。邪魔をしないようにという配慮からなのかもしれません。でもそんなときは、ちょっと悲しく感じちゃったりもします。それに本番の後はすぐダメ出しの時間で、録り直しが出るかもしれません。ある時、ロビーから呼び戻された役者に先輩から、「よっぽど自分の芝居に自信があったんだね」なんてチクリと言われている人もいました。

もっと残念なのが、スタジオから出ないまでも、自分のセリフが終わってイスに腰掛けた瞬間にスマホを触り始め、ＳＮＳをチェックする姿。アクセントを調べることは私もあります。収録で「スマホ禁止」のような明確なルールがあるわけではないので基本的にはスルーしますが、自分の主演番組においては、「申し訳ないけど、今は休憩中ではないからね。スマホ、休憩まで我慢できる?」と声をかけます。

自分が演じるキャラクターが画面の中に映っていなくても、シーンが続いている以上、〝そこ〟にはいる。それなのに、一心同体である役者が別のことにかまけていたら、担当した役がかわいそうだと思ってしまう。ほんの数時間じゃないですか。それに共演者が息をのむようなお芝居をしていれば、その後の自分のセリフに変化が生まれるかもしれない。一期一会の瞬間、スタジオの温度が変わる瞬間、そうした一つひとつを見逃さない、声を吹き込む人間の責任だと私は思っています。

そして、それは人に押し付けるものではないということもわかっています。

こうした考えを持つようになったのは、劇団での経験があったからなのかもしれません。

舞台では、稽古期間中、たとえその日の自分の出番が1シーンだけだったとしても、最初から最後まで稽古場にいるのが暗黙の了解でした。稽古に来たけど出番はなかったなんてことも。でもそれは、スタッフを含めたその場にいる全員が演出家の声を聞き、自分たちが何を求められ、この作品がどこに向かおうとしているのかを共通認識として持つためです。自分のシーンだけを把握するのではなく、作品全体を見る。そうしないと、物語の本質を理解し味わうことができない。

台本を読めばテーマはわかる、という人もいるでしょう。でも、作品はいろんな人たちの個性が集まって、みんなで作り上げていくもの。だからこそ、共演者のお芝居を見て、聞いて、感じて、そしておのれも発するんです。そこがいちばん面白いところです。また、そこで生まれるチームワークや一体感は不思議と作品にも反映されていくもので、それはやがて視聴者にも伝わっていくのだと思っています。

知ってお得なダビング作業

声優としての学びの場は、アフレコだけではありません。

新人の頃は、映像に音声を合わせて録音する「ダビング作業」の現場にもお邪魔していました。『サイバーフォーミュラ』や『セーラームーン』の時でした。

私たち声優は、アフレコ現場でお芝居をし、ＯＫを頂ければひとまず役目は終わります。その先の、自分たちのどのテイクが使われたかは、オンエアを見るまでわからないことが多い。基本は本番のセリフが使われます。こだわって何度もリテイクを重ねたからといって、最後のテイクが使われるとは限りません。

ダビングの現場に行けば、数あるテイクの中からどれが選ばれるのか、監督やその作品がどういったものを求めていたのかを知ることができたんです。

当時はリールに巻かれたシネテープを使っていました。時代を感じますよね。映像のフィルム、私たちが声を吹き込んだテープ、またそのほかに音楽やSEのテープもあって、それらを同時にダビングしていく。タイミングが合わなかったらキュルキュルッと巻き戻してやり直し。声優はアフレコのときにアニメの動きにぴったり合わせているつもりでも、少し出遅れているんです。どんなに反射神経のいい人でもコンマ数秒は遅れる。それをスタッフがダビング前にハサミで切って貼って、丁寧に合わせてくれていたんですよ。その手間を見たら、頑張って口パクに合わせようと思いました。

また、たくさんのスタッフたちの仕事内容が見えてくるというのも大きかったです。アフレコ現場には多くの方々が行き来します。普段からよく会話をしている音響監督などは別ですが、たまにしか姿を見せない方もいて、〝何をされている人なんだろう？〟と思うことも多かったんですね。それが、ダビング作業の現場で仕事をしている様子をお見かけし、ようやく合致する。すると一気に親近感が湧き、チーム感も芽生えていくんです。しかも、〝これぞ、プロフェッショナル！〟という技がたくさん見られる。たとえば風の音のSE一つとっても、監督から「ほかに違うのある？」と相談されるとどんどんいろんなパターンを組み合わせていき、そのたびにシーンの雰囲気が変わっていくんです。その様子はまるで魔法を見ているかのようでした。
アニメの放送を見ていると、オープニングとエンディングにたくさんの名前がクレジットされています。でも、実際にはあの何十倍もの方々が一本一本に携わっていらっしゃるんですよね。私たち声優が作品を代表してインタビューを受けたり、前線に立つことが多いけれど、本当に多くの方たちの力が結集し、アニメが作られているわけです。台本もそう。シリーズ作品であれば数年前から構想が練られ、何度も何度も書き直されて、ようやく完成した30分の物語を、私たちが約3時間足らずで表現していかなければならない……。その責任の重さは常に感じ続けなければいけないないと思っています。

当時のダビング作業は、30分アニメでも朝から始めてもお昼をまたいでしまうことも多かったです。そんなときは皆さんのランチにご一緒し、交流を持ちました。ふとしたときに音響監督や監督に、アフレコ現場では聞けなかった意見などを頂くこともありました。自分の芝居がまだまだ不安だらけだったので、とにかく何でもいいからヒントを聞いて、それを埋めたいという気持ちがあったんです。また、先輩方のお芝居と一緒にダビングされていく自分の声を何度も客観的に聞くことで、はたして自分がどのくらい足りていないのか実感しました。それに、録音された自分の声って、聞き慣れていなくて恥ずかしいでしょ？　ダビングで何度も聞いたおかげでずいぶん慣れました。

自分に足りない部分は自分で見つけて補っていかないと、成長しないまま時間だけが過ぎてしまう。そんな声優はきっと生き残れないだろうと、新人ながらに感じていたんです。真面目だな、私……って感じですが。

現場を見学することで、いろんな知識や経験を身につけられるのは『キャッ党忍伝てやんでえ』で学んだこと。当時、私を『てやんでえ』のスタジオ見学に迎え入れてくれた音響監督の田中英行さんも、「たくさんの現場を見たほうがいい」と背中を押してくれました。思えば、その頃から田中さんは、私にとってこの世界でのお父さんのような存在でした。

耳を澄ませば、ヒントは日常に

声優としてデビューし、ほどなくして『ジャンケンマン』や『新世紀GPXサイバーフォーミュラ』、『美少女戦士セーラームーン』などの作品に巡り合うことができました。どれもデビューから3年の間のことですから、本当に恵まれていたなと思います。

もちろんずっと順風満帆だったわけではありません。レギュラーが一本もない時期だってありましたし、心中は不安でいっぱいでした。

そんなときには何か用事を作って事務所に顔を出しました。マネージャーに存在を覚えてもらうためです。……私、なかなかに売り込み下手で、何げなく話しかけることにギクシャクしました（笑）。

そして家では、ボイスサンプルテープを作りました。

通常のボイスサンプルは、個々の売っていきたい方向性を定めたセリフやナレーションが収録され、事務所ごとにテレビ局や制作会社にマネージャーが配布営業します。現在は、プロフィールとともにＷｅｂ上でどこでも聞けるようになりました。

私が家で作ったボイスサンプルは、本格的な内容ではなく、前段階のもの。

以前は、テレビで外国映画の放送が盛んでしたので、吹き替えのお仕事を頂くことも多かったんです。

長尺（映画）の場合、主役のほかにたくさんの配役があります。若手たちは名もない役や、警察の無線の声や病院内の放送、テレビから流れてくるニュースキャスターの声、そしてガヤ（映像の背景に流れる声）などをいくつも担います。ガヤはスタジオの役者全員でやります。臨場感を持ってのアドリブです。お芝居が上手な方はガヤもうまいんです。メインのストーリーに絡むものではないけれど、どれもなくてはならないもの。

外画の仕事を頂くためのきっかけになるように、そういった細かい役のサンプルテープを自作して、外画作品の吹き替えを制作しているディレクターに届けに行きました。

実際に自分でしゃべってみると、院内放送も警察無線も、簡単なようでなかなかハマらないんです。何度も練習してテープに吹き込みます。いつ実るともわからない地道な作業ですが、自分への投資の時間だと思って、ムダには感じていませんでした。

街の中はいろんな音にあふれています。それもけっこう、特徴的なものが多い。石焼き芋の声やセールの呼び込みの声、駅のホームアナウンスやデパートの放送とか。どれも耳に残るぐらい存在感があるのに、日常に溶け込んでいるから、聞く側の脳内を邪魔することなく、次の瞬間にはスッと消えていく。もはや環境音とも言えますね。

でもだからこそ、それを再現するのは言うほど簡単でなかったりするんです。普段から意識して聞いておき、いざというときにすぐ再現できるように自分のものにして、引き出しを増やしておく。面白い音声が耳に入ってきたら、その場でちょっとマネしてみるんですよ。変な人になっちゃうけど、なんだか面白いでしょ？

そして、実際に声優が起用されているアミューズメントパークやコンビニ・薬局店内放送、機械の自動音声なども多いのです。ときどきまったく息を吸わずにしゃべっているアナウンスを聞くと、〝あぁ、これは機械音声だな〟と思うこともあります。ニュースなどは普通にＡＩ音声で放送していますよね。昨今のＡＩの進化を見ると、もしかしたら今後、私たちの役割ってどんどん減っていくのではないかと危惧しています。

実は数年前、私もＡＩ音声サービスの仕事をしたことがあります。言葉をつなげたときに自然に聞こえるよう、母音、子音、有声音と無声音などをはじめ、さまざまな組み合わせの短い文章を大量に読み上げました。一定のテンションと声量をキープするために、ほぼ同じ時間帯で３、４日間スタジオに通いました。

その声のデータを使って、あらゆるナレーション音声が作れるとのこと。感情面さえも若干変えることができると、エンジニアさんがおっしゃっていました。

そのつどプロのナレーターを使う必要がなくなりますし、スタジオ経費も安くすることができるんですよね。私が死んでも私の声が残るということには、少し複雑な思いもあったけれど、近未来だな～と思いました。

でも、まだしばらくはアナログな仕事を楽しませてほしいものです。

生身の声優やナレーターの価値を求めてくれる生身のお客さんがいる間は、声優という仕事がなくなることはきっとないでしょう。

寄稿　庵野秀明

葛城ミサトは三石琴乃でしか演じられなかったキャラクター

三石さんと最初に会ったのは、『美少女戦士セーラームーンR』（無印かもですが）のアフレコ見学でした。

アフレコ終了後の居酒屋でキャストスタッフの皆さんでの晩ご飯にお邪魔させてもらった時に、主役の三石さんが座敷で一人体育座りをして飲み会の場から浮いていたのが印象的でした。

『新世紀エヴァンゲリオン』ＯＰのミサトの体育座りシルエットは、その時の三石さんのイメージを踏襲しています。

誰かが話しかけるとうさぎちゃんみたく明るくなり、話が終わるとその瞬間から寡黙になる二面性が面白くていいなと思ってました。

葛城ミサトは、三石さんでしか演じられなかったキャラだと思っています。第１話のアフレコ時は大人の女性役に慣れていなかったので、芝居に迷いや戸惑いが混じっていましたが、第2話からは完全にミサトのキャラを掴《つか》んでました。自身の切り替えと作品世界観への適応力、キャラへの同化力の強い役者さんだと思います。

収録で特に印象に残っているのは、『新世紀エヴァンゲリオン』TVシリーズ第拾伍話、『新世紀エヴァンゲリオン劇場版』、『シン・エヴァンゲリオン劇場版』の時ですね。

三石さんの魅力は、役者としての勘の良さですね。『セラムン』の月野うさぎ役のオーディションで台本の文字情報だけであの芝居を最初から引き出していたのは、凄《すご》いです。

庵野秀明
あんのひであき●1960年5月22日生まれ。監督・プロデューサー。株式会社カラー代表取締役。1988年、OVA『トップをねらえ!』でアニメ監督デビュー。主な監督作は、三石琴乃さんが葛城ミサト役を演じたアニメ『エヴァンゲリオン』シリーズ、TVアニメ『ふしぎの海のナディア』、実写映画『シン・ゴジラ』など。最新作は実写映画『シン・仮面ライダー』。

養成所同期鼎談

高木渉×三石琴乃×森川智之

琴乃は誰よりも早く
てっぺんにたどり着いた存在

勝田声優学院の同期として切磋琢磨してきた三石さんと森川智之さんと高木渉さん。“プロになれるのは100人に1人”と言われた狭き門で、花の5期生と呼ばれた彼らの世代は多くの一流声優が輩出してきました。今あらためて当時の思い出、そして現在の声優界への想いを心ゆくまま話し合っていただきました。

あの頃はみんな熱かった

森川　俺たちって同じ５期生ではあるけれど、琴乃が入所したのが４月で、俺たちは９月だから、正確には琴乃って先輩になるんだよね。

三石　あれ？　森川も９月生だったっけ⁉

森川　うん。４月生が１年間かけて基礎科のカリキュラムをこなしていくところを、俺たちは駆け足でそれらを消化しないといけなかったから、勝田（久）先生にいつも「追いつけ、追い越せ」って発破をかけられてた。

高木　そうだったね。２年目の研究科になってから合流して、授業で各クラス同じ戯曲を完成させるっていうのがあって、年度末にクラス選抜のキャストで公演を行なった時に琴乃と出会ったのよ。養成所にバイクで通っている姿がカッコよくてね（笑）。

森川　俺も同じ。琴乃との最初の思い出といえば、学校の前でバイクにまたがってる姿。

三石　懐かしいなぁ。あの頃は２５０ccに乗ってたんだよね。研究科になってからは水鳥（鐵夫）先生のもとで演技を学んで、「卒業してもみんなでお芝居がしたいね」ということで「劇団あかぺら倶楽部」を作ってね。

高木　あのとき、森川も誘ったのに断られたんだよ。「お前らとはやりたくない。俺はもっと上の人たちと芝居がしたい」って（笑）。
森川　ははははは！　いや、俺も「グループ満天の星」っていう劇団を作ってたからさ。
高木　そうそう。あの頃はみんな熱かったね。声優になるっていうより、まず役者になるっていうことが大事だったし、そういう教えだったしね。
三石　勝田を卒業してから、いくつも劇団が生まれて活動してたよね。マコさん（野沢雅子）の授業を受けていた生徒さんたちは、マコさん主宰の「劇団ムーンライト」とか。
高木　小劇場ブームでもあったしね。同期で誘い合っていろいろと芝居も観に行ったな。声優業界でも劇団を作っている人たちが多かった時代だよね。
森川　時代や環境が違うから今と比べるのもおかしいだろうけど、やっぱり演技するということへの熱量が、あの当時は違ったと思う。

渉に背中を押してもらって番組見学へ

高木　うん、もっと貪欲というか積極的だったかな。僕が声優デビューできたのも、在学中に当時のアーツビジョンの社長が特別講師に来たときに「どこかスタジオ現場の見学をさせてください」って直談判して、たてかべ和也さんに出会えたのがきっかけだし。当時はまだアフレコ見学って当たり前のようにあるわけじゃなかったし、現場で学ぶもの、肌で感じて得るものが大きかったから、ある時に琴乃にも「思い切って見学に行きたいって言ってみなよ」って言って。

三石　渉に背中を押してもらったね。「来る気があるのなら、毎週必ず来なさい」と言われた。それがきっかけで、『キャッ党忍伝てやんでえ』に見学入れてもらえたの。

高木　当時のアニメ番組は1年間放送するのが普通だったから、真面目に見学しながら自分ができる仕事がないか探してたら、いつしか「この役やってみるか?」なんてチャンスが巡ってくることがあるからって（笑）。

森川　渉はいつもそうやって周りのことも気にかけていたよね。ただ、俺は誘われても、「俺はいいかな」って断ったんだけど（笑）。

三石　我が道を行くタイプ（笑）。

森川　だから、勝田を卒業した後に琴乃がどんな活動をしていたのか、実はよく知らなかったんだよ。でも、いろんな現場で先輩たちが琴乃の噂をしていたのは聞いてた。

三石　そうなの?　それは知らなかった。

『セーラームーン』の主役抜擢には驚いた

森川　先輩たちの会話の中に名前が出てくるっていうのがすごく羨ましかったな。そうこうしていたら、いきなり主役に抜擢されたのを知って。

高木　『美少女戦士セーラームーン』だね。あれは琴乃の初めての主演作だよね。僕も驚いた。

森川　それもあって、琴乃は勝田の5期生の中で、誰よりも最初にてっぺんにたどり着いた同期っていう印象がある。

三石　え〜？　何言ってるの。二人のほうが、当時からたくさん作品に出てたじゃない。

高木　仕事はしていたけどね。僕らはどっちかっていうと毎晩のように先輩たちの飲み会についていって、自分の名前を知ってもらったり、いろいろな話を聞いたりアドバイスもらったりして、そっちのほうに夢中だったっていうのもあったんだよね。

森川　それに、かわいがってもらってはいたけど、〃もっと仕事をもらえるようにならないとダメだ〃と思っていたところに、琴乃は颯爽と主演をつかんでいったから。しかも、世の中を席巻する国民的なアニメ作品で！

三石　それは結果がそうなっただけで、アニメが始まった頃は、どうなるかわからなかった。３クールで終わるかもしれないとも言われていたし。それに、森川のほうが最初からみんなと一線を画してたよね。養成所時代からすぐに学校の事務の手伝いを任されたり、講師もやったりと、勝田さんから気に入られていたよね。

森川 あれは、ただ声が大きいから目立っていただけだと思うよ（笑）。それに、その分、ほかの生徒からの妬みで風当たりも強かったし。

仲が良くても緊張感のある関係

三石 二人は先輩たちからもいじられていたのを覚えてるよ。飲み会の席で「天狗になってるんじゃないのか？」って嫌味を言われたり。でもそんなときでも、二人は顔を見合わせて、「あ〜、長い鼻がぶつかっちゃったー！　いてて〜」って笑いに変えていて。〝あ〜、こうやって嫌味をかわせばいいのか！〟って感心してた。

森川 そんなこともあったね。あとは、「お前が高木だっけ？」って、わざと名前を間違われたり。

高木 「いや、僕が森川です」ってそれに乗っかったり（笑）。早く時代に乗りたくていろいろ切磋琢磨してました。時には、二人で飲みながら「いや〜、今日の森川の芝居は最高だったねぇ～！」「いやぁ～渉のほうこそ！」なんて褒め合ったりして。
森川　そうそう。で、さんざん褒め合って、最後にはため息ついて、「……そろそろやめようか」って（笑）。
高木　そう。だから、決してなれ合うっていう感じではなかったね。森川だけじゃなく、ほかの同期とも。仲は良かったけど甘える感じではなかった。しっかり自分のビジョンはあるというか。だから30年以上たった今でも、森川と会うとちょっとした緊張感はありますよ。
三石　昔はアフレコ現場でも、ピンと張り詰めた感じがあったよね。
森川　キャストの年齢幅も広かったからか、和気あいあいという雰囲気もなく、テストが終わった後には、誰もしゃべらない、すごく静かな空気が流れたりもして。
高木　先輩から学んでそれをまた後輩につないでいくみたいな、どこか職人的なところがあって。自分も今の時代に合わせて変わっていかなくてはと思う反面、古き良きスタイルというか声優文化の守りたい部分っていうのもあったりしてね。特にコロナ禍もあって若い世代の声優との接点も少なくなっていくと寂しいものがあるね。若い子は若い子で昔の話を聞きたいです、なんて子もいっぱいいるんだけどね。

新人でも物怖じしない度胸と思い切りの良さ

森川　琴乃は昔からしっかりしていたから、先輩たちに現場で叱られるというようなことはなかったでしょ？

三石　そんなことないよ。テストの後は矢のようにダメ出しをされていたから。アクセントが違うとか、ちょっと演技が違うんじゃないの？とか。

高木　挨拶とか礼儀がなってない！なんて叱られることはなかったでしょ？

三石　そうだね。それはなかったかな。

森川　やっぱり。というのも、琴乃って最初に会った時から、〝ここは直したほうがいいんじゃないかな〟っていう悪い部分がまったくなかったの。新人であっても、演技で疑問に感じるところがあれば、積極的に監督や先輩の共演者に確認しに行く度胸もあったし。

三石　私ね、疑問を抱えたまま本番に臨むと必ずトチるの。それに、単純にしっかり理解したほうが絶対にいいと思ったからだよ。周りの先輩方もそうしていたからそうするものだと。

森川　俺は新人の頃、それができなかったもん。「こういう演技はどうですか？」という意見があったとしても、まったくの見当違いのことを言ってたらどうしようっていう怖さがあったから。でも、琴乃はそういうところで物おじしない思い切りの良さがあったよね。
高木　そういえば、余談だけど、昔、飲み会の席で琴乃に頭から烏龍茶をかけられたことがあったんだけど、そういう思い切りの良さはやめたほうがいいよ（笑）。
三石　うそ!?　そんなことあった？
森川　でもそれは、どうせ渉が烏龍茶をかけられるような、よほどのことをしたからでしょ。
高木　うん、それは間違いないと思う（笑）。
三石　全然覚えてない……。その節は申し訳ございませんでした（笑）。

イメージを超えていく琴乃は理想のモデルケース

森川　それと、琴乃のすごさは着実に未来を見据えてキャリアを積み重ねているところだよね。俺たちの仕事って、ヒット作でブレイクしたり、華がある時期を過ぎると、その次へとシフトアップするのが難しいじゃない。それまでのイメージを超えていかないといけないから。その点、琴乃は嗅覚が優れていて、アニメだけじゃなく外画の吹き替えをやったり、キャラクターがまるで違う役を演じたり、ナレーションもやったりと、新しいことに挑戦して、その全部でしっかりと結果を残してきてる。まさに理想のモデルケースなんだよね。だから俺は今、自分が教えている養成所の生徒に、「琴乃のようになれ」って言ってるの。

三石 うわぁ、なんかものすごく褒められてるぞ（笑）。でも、どれだけ〝こういう仕事がしたい！〟と思ったところで、この世界は基本的に受け身だから、望む仕事が来るとは限らない。そこが難しく悩ましいところだよね。

森川 いや、そこも引き寄せる力があるんだと思う。普段から真摯に仕事に向き合ってる姿勢が呼び寄せてるというのもあると思うし。

三石 たしかに〝こういうことがやりたいんです〟というのは、口に出して言ってる。言霊って大事だから。あとは運次第だよね。

森川 ふと思い出したけど、勝田にいた頃の琴乃はよく「ケ・セラ・セラ」って言ってたよね。

三石 言ってた！　高校時代の古典の先生の口癖で、「なるようになるさ、ケ・セラ・セラ！」っていうのをマネしてたの。でも、〝なるようになる〟ためには、思いつくかぎりのあらゆる準備をして、その機会を待つ姿勢が大事。チャンスが来たらいつでも発揮できるでしょ。昔、たてかべさんがおっしゃってたんだけど、「チャンスはわりと誰にでも訪れる、でもな、つかめるかどうかは本人次第」って。

コロナ禍で教えることの難しさ

三石　今、森川が養成所で生徒さんを教えてる話が出たけど、今ってどういうレッスンをしてるの？

高木　今の時代、どういう声優が求められるかやってみないとわからないところがあるじゃない。極端なことを言えば、たとえば滑舌がイマイチでも面白ければ良しみたいな風潮になったら、声優としての基礎は？って、教える側も大変になってくるだろうと思うけど。

森川　そうだね。ただ、あまり時代の流れに翻弄されるとブレたりするから、俺は勝田さんや水鳥さん、それにマコさんから教わったことを自分なりにアレンジして、生徒たちに伝えているだけなんだけどね。

高木　型破りはいいけど、型無しはだめってことね。

森川　いちばん怖いのが、基礎ができていないのに、〝自分はやれている〟という自信を持ってしまうこと。俺もよく水鳥さんに叱られたもん。「お前は、自分の演技が正しいかどうか、常に〝懐疑の念〟を持て」って。

三石　でも、それもコロナ禍になって難しくなってきてるんじゃない？　今は多くの現場が一人または数人での収録になって、自分の演技に疑問を持つ機会も少なくなってきてるから。

高木　やっぱりみんなで一緒に録ることで、先輩の演技も間近で見られたし、空気感も一緒に感じられたからね。

三石　それに、アニメの収録や吹き替えは目の前にある画に合わせて芝居をするのが前提だけど、相手の役者に言葉を投げて会話をするのが根底にあって、私、恋人役の時はその役者の隣のマイクに進んで入ったよ。そういったことが今、できなくなってきていることに疲弊して戸惑いと不安がある。

森川　コロナ禍になって3年がたって、今の現場しか知らない人たちも増えてきているからね。一般の視聴者は気づかなくても、僕らがセリフを聞けば、〝別録りだったんだろうな〟ってわかる掛け合いのアニメもときどき見かけるし。

高木　特にギャグアニメ系は、実際に掛け合いをすることでそこから生まれてくる間合いやテンポ、アドリブなんかが生きてくるからね。
三石　以前の収録の形に戻るのか、それとも新しい方法が生まれるのか……。
森川　いずれにせよ、今のままだと役者は育たないし、悩ましくはあるね。

琴乃はいつも彗星のごとく現れる

高木　そうだ。こうした機会だから、僕から質問してもいい？　琴乃は今、フリーで活動しているけど、何かきっかけがあったの？
三石　40歳になったときに思い立っちゃったの。ちょうど切りもいいし、この年齢なら、まだまだいろんな挑戦ができるかなと思って。それに当時、子供の行事を優先してスケジュールを組みたかった。
高木　事務所を移籍しようとは思わなかった？
三石　うん、それだと大きな変化がないかなと思って。NGも入れにくいじゃない。もちろん、自分の体に何かあったら多くの関係者に迷惑がかかる怖さもあるけど、私に直接仕事の依頼が来て、「三石さんにぜひお任せしたい！」っていう声を聞けると、〝よし、頑張ろう！〟っていうモチベーションになってすごくいいよ。

森川　仕事の幅も広がったよね。いきなりTVドラマ（『リコカツ』）にも出演して。

高木　それも大きな役でね。アニメ業界でも、映像の世界でも、いつも琴乃は彗星の如く現れるんだよ（笑）。

三石　たまたま運が良かったのよ。オーディオドラマの現場にTBSのプロデューサーが来ていてつながったの。ドラマに関してはまったく未知の世界だったから、どうしたらいいのかわからなくて、大河ドラマ（『真田丸』）経験のある渉に相談したよね。

森川　どんなアドバイスを贈ったの？

高木　とにかくセリフだけは全部入れておけって言ったんだよね。そうすれば、たとえ慣れない撮影でミスをしても、ちゃんと準備はしてきているんだなと思ってもらえるからって。それに、撮影現場は稽古をする場じゃなく、自分の考えてきた演技を披露する場だから、劇団とは芝居作りの仕方が違うよって伝えたの。

三石　そのアドバイスにすごく助けられた。舞台ともまったく違うアプローチだったから。

高木　声優をやってても同じだなって思うのは、セリフが体の中に入っていると自然とセリフの意味や心情が腑に落ちていくんだよね。

森川　そう！　それに、生きたセリフを言えるようになると、ただ台本を読んでるだけじゃなく、心の奥から言葉が出てくるようになる。そのことは、養成所でもしっかり教えてる。
高木　それができるようになれば、どんどん演じることが楽しくなっていくし。
森川　そこが本当に大事。声優にとって、アニメが好きとかゲームが好きとか、そういうのは実はあんまり関係なくって。純粋に〝演じることが好き〟という人がプロとして残っていくから。アニメが好きという気持ちももちろん大事だけど、演技で行き詰まったとき、そこをなかなか乗り越えられないんだよね。
三石　私は実はいまだに〝演じる〟ということが、よくわかってないところがあるなぁ。その時その場での自然さとリアルさを求められる一方で、やっぱり〝演じる＝ちょっと嘘をついてる〟という意味があるでしょ。
高木　そうだね。ウソを演じているからこそ、ウソ芝居に見えると冷めちゃうし、ウソを自然に見える芝居にするって、難しいねぇ……演じるんだけど演じちゃいけない。
森川　うん、〝演じる〟っていうことの概念はいつまでたってもわからないことが多い。
三石　なんだか、こういう話をしていると、舞台をやりたくなるね。一つのセリフについてみんなで議論したり。
高木　そうだね。すぐに勝田にいた頃の感覚に戻れるし。

森川　俺も、今でも高田馬場の駅前辺りを通ると、懐かしいなって思っちゃうよ。

三石　いやぁ〜、今日は久々に3人で話せて元気をもらえたよ！　本当にありがとうね。

高木渉

たかぎわたる●7月25日生まれ。アーツビジョン所属。主な出演作はアニメ『ドロヘドロ』（カイマン）、『ジョジョの奇妙な冒険 ダイヤモンドは砕けない』（虹村億泰）、『名探偵コナン』（小嶋元太／高木刑事）、海外ドラマ『大草原の小さな家』エドワーズ、NHK大河ドラマ『真田丸』（小山田茂誠）、『青天を衝け』（玉乃世履）、TBSドラマ『私の家政夫ナギサさん』（阪本洋二）など。

森川智之

もりかわとしゆき●1月26日生まれ。アクセルワン代表。主な出演作は、アニメ『クレヨンしんちゃん』（野原ひろし）、『鬼滅の刃』（産屋敷耀哉）、『ズートピア』（ニック・ワイルド）、『BANANA FISH』（ブランカ）、『戦国BASARA』（片倉小十郎）、映画『ミッション：インポッシブル』（イーサン・ハント）、『スター・ウォーズ』（オビ=ワン・ケノービ）、『マトリックス』（ネオ）など。

morikawa
Takagi
おに人とも
ありがとう
ございました!!

第3章

三石的ポリシー

それを言っちゃあ、おしまいだぜ

人気や流行というのは一過性のもの。それは声優の世界でも同じです。たとえヒット作に出演し、一度注目を集めたとしても、いつまでも自分にスポットが当たり続けるなんてことは、そうそうあるものではない。ブームがひと山越えれば、また新しいブームが生まれます。

自分に代表作ができるのは本当に幸せなことです。それだけ多くの方に支持をしていただけた証しでもありますし、名前を知ってもらえたわけです。オーディションで提出する資料にも、一つ大きな作品への出演経歴が書いてあれば、それだけで注目していただくことができます。

私にとって初めて大きな話題を集めたアニメは『美少女戦士セーラームーン』でした。作品の人気は海を越え、30数年たった今もたくさんのファンがいます。

ただ、ビッグタイトルでハマり役に出会うと、今度はそこからの脱却が大変だと言われます。作品人気に伴い、その後の多くの現場で〝同じような声〟を求められるようになります。

私も先輩方から、「そのうち、(月野) うさぎちゃんみたいな役ばかりがくるようになっちゃうよ」と聞かされていて、ある程度は身構えていたのですが、本当にそのとおりになりました。新しい役を頂き、いざ現場で収録するとなったときに、「イメージとしては、うさぎちゃんみたいな感じでお願いします」と言われるんです。このことに、若い頃はものすごく抵抗がありました。

作品の世界観もキャラクターが登場する状況も違うのに、既存のキャラと「同じように」と言われてしまう……。具体的でわかりやすい説明だという一面もあります。でも、心の中でいつもひそかに〝それを言っちゃあ、おしまいだぜ〟と思っていました。うさぎとはまったく違うキャラクターとして生まれてきたはずのその役が、あまりにもかわいそうだなと。私たち声優は、資料や台本を何度も読み解き、想像力を働かせて、頂いたキャラクターを創造していきます。結果として似たような声やお芝居になることもありますが、アプローチはまったく違うルートをたどっているんです。そのため、「同じような声で」といった演出に出合うと、意地でもちょっとは変えてやろう！という、ちょっと意固地な私が顔を出しました。

ただ月日とともに、そういうオーダーもある程度は割り切れるようになっていきました。人気作に出ていたから呼ばれた現場なので、人気作に感謝こそすれ、自分のおかげではないのだと。そして、役者は監督や演出家ではない。要望されたセリフを提供するのも私たちの大事な仕事なのだから、変な我を通すのは間違っているのかなって。

前章で、20代の半ば頃から「イイ女の役をやりたい」と思うようになったというお話をしました。月野うさぎのような活発な女の子のお芝居を自分の武器の一つとして磨きつつ、これからはまた違ったタイプのキャラクターも演じていきたい。そうやって、〝私はいろんな色のクレヨンを持ってますよ〟と言えるようになりたかったんです。

当時は、事あるごとに「大人の役をやりたい」と言い続けていました。「琴ちゃんには無理に決まってんじゃん」と一蹴されることもあったけど、誰かの耳に入ったらいいなと願って。心底渇望していた頃に、庵野秀明さんが『新世紀エヴァンゲリオン』

で葛城ミサトという2歳年上の役を私に授けてくださったんです。ただ、その時は私の願いが届いたというより、『セーラームーン』のスタッフでもあった庵野さんが、飲み会の席で私が一人暗く膝を抱えて座っていたところを見かけたのがきっかけだったそうです……。うさぎとはまるで違う私の一面を見て、面白いと思ったそうなんです。その話を聞いた時は、素の部分を見られてドキッと恥ずかしかったのと、役者の本質をキャラクターに反映するなんて初めてで驚きました。

今までやったことのない役と出会いたいという気持ちは、きっとどの役者でも持っているものだと思います。そうした挑戦心や向上心がなくなると成長が止まってしまいますし、成長が止まれば、あっという間に技術や感覚は錆《さ》びついてしまう。そんな恐怖が常に私の中にあります。

仕事があるこの状況に安心し、慢心していると、そのうち錆びついて関節が動かなくなってしまうぞって感じて怖いんです。これまでの経験や引き出しばかりに頼って〝この役ならこんな感じでいけるかな〟と浅いところで演技をしてしまっていると、いつか痛い目に遭う。

そんな戒めを抱きながら、日々スタジオに向かっています。

「名」は看板

私はずっと唯一無二の声優になりたいと思っていました。

新人の頃のオーディションで、「誰のような声優さんになりたいですか？」と聞かれて「私は三石琴乃という声優になりたいです」と答えたこともありました。生意気ですよね（笑）。

もちろん憧れる先輩はいましたが、一緒にお仕事をしたいとは思っても、その人みたいになりたいというわけではなくて。やはり、〝三石琴乃という声優になりたかった〟という言葉がいちばんしっくりきます。

ただ、これはあくまで私がそうだったというだけのこと。

これから声優を目指す方たちが、特定の先輩を目標に頑張るのはいいことだと思います。目標があったほうが頑張れる原動力になりますし、逆に目指すべきものがなく、自分がどこに向かって進んでいるのかわからないまま稽古するよりも、自分の心が燃える指標を掲げたほうが、上達するのが早いと思います。

そして、どんな仕事でも、〝この世界が好き〟という気持ちを持って夢に向かって突き進んでいる時点で、50％はその人に向いていると私は思っています。そして、残りの50％は、プロとしての自覚を持ってさらに突き進めるかどうか。

とっかかりは憧れでも構わないのですが、そこから先に向けて〝新たな自分だけのビジョン〟を持てるかで差が出てくると思います。

ただ、自分だけの目標を模索していくなかで陥りがちなのが、最初から偏った「個性」を身につけようとすること。

基礎体力もないのに鎧ばかり着込んでも、思うように動けず、本来の自分らしさが出せなくなるかもしれません。ほかの人とは違う、何かしら目立つものを持ちたいという気持ちはわかります。

私も、昔は自分の個性のなさにコンプレックスを抱いていたことがありますから。私は自他ともに認める〝THE・普通〟の人間で、気が小さく、小学校の成績表にも《周りを気にして合わせてしまうタイプ》と書かれていたぐらいでした。

でも、そんな私だって、こうして声優を続けてこられているわけですからね。最初から無理やり個性を出していこうなんて、考えなくても大丈夫です。そして個人のパーソナリティをアピールせずとも、芝居を見ればその人が伝わると言われています。私は今でも、自分にどんな個性があるかわかっていません。声優〝三石琴乃〟は、私の演技を見たり聞いたりした人の数だけあると思っているんです。

そもそも声優の個性というのは、作品や役をいくつもこなしていく中で自然と生み出され、そして磨かれていくものだと思っています。役をこなしていくということは、『役として作品の中に存在する』ことです。そして、それを見たお客さんが「面白い！」と感じてくれ、少しずつ少しずつ結果を残して、やがてその役者の個性として認知されていく。〝この役柄はこの役者に任せたい〟と思ってもらえるようになれば、芸名に個性がにじみ出てきたということですよね。

芸名は、自分の商店の看板です。大切に育てていくべきもの。看板を掲げているからには、たくさんの方に知ってもらいたいですよね。

では、どんな芸を提供できるのですか？　自分のオススメは？　看板は立派なのに、買った商品はイマイチだったなんて評判は困ります。お値段と質は見合っていますか？　レギュラーを任せられる信用はありますか？　……などと、起用側の気持ちになってみると、客観的に商品としての自分を見つめて、やるべきことがわかるかもしれません。

さしずめ三石琴乃商店は……、1階声優コーナー、少女から母、そして妖怪までバリエーション豊かにそろえました。正義も悪もパワフルにご提供。本役以外にダブりもサービス。おっと、小動物なんてお目が高い！　2階はナレーション、エッジの利いたバラエティにスポーツ、心に寄り添うドキュメンタリー、CMもポジティブボイスで訴求します。3階の舞台やドラマ。声だけでなく、生本番の醍醐味をぜひご一緒に。未知数だから面白い、全身全霊で取り組みます。スケジュール要相談。

……何だか、「スーパーSEIYU」みたいになっちゃったかしら。

……いろいろ紛らわしい。

自然とか、リアルとか、普通とか

役として作品の中に存在するだけでいい……なんて、かっこいいことを言ってしまいましたが、実はこれが一生の命題、何よりも難しいですよね。

台本に用意されたセリフなのに、あたかもその場で生まれた言葉のように自然に口から発する……。そんな会心の一言が実感できるのは、30分のアニメ放送の中で、うまくいって一度か二度。それぐらい、稀なことなんです。しかも、そうした実感は演じた本人だけがわかる手応えで、作品をご覧になっている方たちが気づかないことが多いです。そのセリフは、物語を象徴するような印象的なものとは限りませんし、何の変哲もない、ごく普通の一言だったりすることもあります。きっとこの会心の一言を求めてお芝居をしている人は少なくないんじゃないかしら。

「自然な演技かどうかなんて、そんなのは役者の自己満足に過ぎない」という方もいると思います。役者の生理ほど的確で、そして曖昧なものはない、と言いますから。まだ20代だった頃、ずっと憧れていた女性の先輩とお近づきになれて、何度か食事に行きました。私はウキウキでした。その先輩のお芝居はいつもこちらの想像を超えていて、ちょっと斜め上から入ってきたり、そうかと思えば次の瞬間には思いっきり引いたお芝居をされたりと変幻自在で、〝どうすればこんな発想が生まれるんだろう〟と尊敬していたんです。

その方に、生意気にも「アニメーションという創られた架空の世界でも、私はリアルな本当のセリフを吐きたいと思っているんです」と目標を語ったところ、「そんなの無理よ」とバッサリ切られてしまったことがありました。

てっきり共感してもらえるものと思って話したので、思わぬ返答に驚いたのを覚えています。それでも諦めきれず、「無理ですか？」「ダメですか？」と食い下がったりもして（笑）。

きっと、その先輩なりの経験や紆余曲折があって、「そんなのは無理」という結論に達したのでしょう。でも、いまだに私は、会心の一言が一つでも出せたらいいなと思いながら、現場に臨んでいます。

お芝居にはマニュアルがあるわけではないです。だからこそ、それぞれの考えや感覚で生まれる表現方法があり、自分が最適と思える方法論を見つけていこうとするんですね。

踏み込めば踏み込むほど奥の深い沼だなと思います。

私はデビューしたばかりの頃、〝声優たるもの、インパクトを残すお芝居をしなければいけない！〟と思っていました。魅力的なお芝居をされる先輩たちに囲まれて、〝普通ではいけない〟と思っていたんです。

それに、今考えるとものすごい偏見なのですが、当時は俳優という職業に対して、一風変わった個性的な人ばかりが集まってくる場所のように思っていました。

そうしたなか、ある日『キャッ党忍伝てやんでぇ』の収録現場で堀内賢雄さんに、「琴乃は普通でいいよね」と言われたんです。この言葉は私にとってはかなり複雑で。変な人（失礼……）ばかりのこの業界に入って「普通だね」という言葉は、この世界では通用しない、つまらない人間だと言われているように感じてしまったんですよね。

賢雄さんは誰に対しても共感して肯定的な言葉をかけてくださる方です。ＯＬ経験のある私が一般的な感覚を持っていて、そういった人間が声優の世界に入ってきてくれたことが単純に「いい」ということだったんだと思います。素直に喜べばよかったのに、ちょっと卑屈なとらえ方をしてしまったがために、ヘンに落ち込んでしまいました。

その時の言葉はずっと私の中に残っていて、年月とともにいつしか支えに変わっていきました。何色にも染まらず、自然体でい続けることが、私らしさにつながっていくんだなって。

賢雄さんがくださった「普通でいいね」という言葉。今は、声優業に限らず自分を形作る大切な言葉になっています。

距離感と、ベクトルと、肉付けと

仕事で私が大切にしていることに〝会話の距離感〟があります。

そのセリフは、目の前にいる人に向けて放っているのか、それとも少し離れた場所にいる相手に向けてなのか、はたまた後ろにいる人なのか……。私たちは日常でも声の大きさやトーンで、これらを無意識に使い分けています。ここをおろそかにすると、画面に映っているキャラクターたちの動きや立ち位置とセリフとがちぐはぐになってしまう。映像に奥行きと広がりを出すためにも大事な感覚です。

特に最近は共演者同士で掛け合いができる環境が少なくなってしまったこともあり、距離感の疎通が難しくなっている気がします。

私はこの感覚を舞台から学びました。同じ空間に立ち、共演者たちと生の会話をしていくなかで、身についたのかもしれません。正確に言うと、舞台の場合はお客さんにもセリフを届けないといけないため、リアルな距離感とは言えないのですが、それでも感覚的な部分で体に染み込ませることができました。

アニメーションや外画の収録現場でも距離感を養うことはできます。でも、声優の仕事は基本的に画面を見ながらの作業になるため、相手の目を見てセリフの掛け合いをするということがないんですね。人間、大事なことを伝えるときは、ガッツリ相手の目を見ますよね。本来は面と向かって話すことを、お互い画面の中の役に向かってしゃべっているわけですから、声優って特殊なことをしているんですよね。

セリフにはベクトルがあります。矢印を想像してみてください。向き・長さ・太さ・直線・曲線、そして色も。たとえば相手に強く言うセリフは、太く直線でしょう。大勢に向かって言うセリフなら、シャワーのように広がる複数の弧を描くかも。想像しながら研究すると楽しいですよ。きっとそのうち、感覚として見えてきますから。

少々話が変わりますが、以前、声優養成所の講師を務める大先輩が「みんなガイコツだな〜」とおっしゃったんです。生徒さんが痩せてるってことじゃないですよ(笑)。役作りで「器用に骨格を作ることはできるんだけど、肉付けができていない」と。「血が通っていなくて、体温も感じられないから、誰が誰だかわからない。全部同じになってしまっている」というんです。
もちろん、それは養成所の生徒さんのことですから、そこからプロになっていく過程で、変わっていくのかもしれません。この肉詰め、じゃなくて肉付け、目に見えないしよく解《わか》らないですよね。

台本を読めば、ある程度のキャラクターの人間性や作品内でのポジションを理解できます。そのことを自分に落とし込んで、限られたセリフで表現する。言葉尻なのか間の取り方なのか。そして、心の底にある本当の気持ちは、役者がしっかりと台本からすくい取らないといけない。

〝行間を読む〟ということにも通じるのかな……。私も最初は、この意味がまったくわかりませんでした。恥ずかしながら、〝何をどうすれば行間を読んだことになるんだろう？　炙《あぶ》り出しか⁉〟と、本気で悩んでいましたから。けど、最初はわからなくてもいいんです。それでもめげずに何度もキャラクター表や資料を読み返し、疑問に思ったことは監督に聞き、共演者のお芝居に耳を傾けて、なんでそのセリフが出てきたのか心の動きを探って、そうやって役に血を通わせていく。それがやがて肉付けになっていくと思います。

とても難しい作業ですが、この仕事の根幹かもしれません。

映像のないオーディオドラマは、その力が如実に露呈します。オーディオドラマ『アレク氏2120』の台本を読んだ時、私はまずは〝この高樹聡子という役をどうやって動かそうかな？〟と主観的に考えました。また、なんでテンション高いのかな？　本心かフェイクか？　そのこだわりはどこからくるのか？と、セリフの源を探りました。そして次に、共演者の方がどうアプローチしてくるのかを、キャラクター同士の距離感を考えてシミュレーションしていく。家でブツブツセリフを言ってたら、主役の梶（裕貴）くんや山寺（宏一）さんの声が聞こえてきました。その作業をしながら、最後に作品全体を俯瞰《ふかん》で見つめて、自分が勢いをつけるのか、一歩引いているシーンかなど立ち位置を考えていきました。

それだけ準備をしても、ぶっつけ本番の現場では思ってもみなかった方向にキャラクターが動いていったりもします。初対面の俳優さんもいるわけですし。でも、苦労した分、キャスト、スタッフのみんなで想像を超えた場所に行くことができる。それが、この仕事の醍醐《だいご》味《み》なんですよね。

緊張と集中のさじ加減

現場での緊張感。どれだけ場数を踏んでも、これだけはなくならないです。

新人の頃は〝ちゃんとしゃべれるかな〟という不安や、周りの共演者に迷惑をかけないようにといった緊張感がありました。メインの役を担うようになっていくと、緊張は小脇に抱えつつ、今度は現場や作品を引っ張っていかなきゃというプレッシャーがまとわりつきます。


アフレコ現場で毎回訪れる「本番」という緊張感。この緊張感、実はけっこう好きだったりします。

本番に向けてどんどんとエネルギーが高まっていく。あの感じが好きなんです。〝これからみんなでどんな世界を作っていけるんだろう〟とワクワクしますし、共演者のお芝居を見ながら、〝こういうアプローチでくるんだ〟とか、〝あぁ、みんな気持ちがすごく乗ってるな〟というのを肌で感じる瞬間がすごく楽しくて！ そんなときは、この空間にいられて本当に良かったなと心の底から思います。

私は本番直前のラステスは、感情を振りきらないよう微妙に我慢してお芝居をすることがあります。たとえば泣き叫ぶシーンや、怒りを爆発させるような激しいシーンの場合だけですが、ちょっとずつギアを上げて本番で100％の力を出すためにタガを外す感じですね。ラステスでやりきってしまうと、肝心の本番で感情がそこまで到達できなかったりするんです。「あれ？」って、どこか冷静になってしまっている私がいて。まだまだ集中力が足りないのです。

海外ドラマ『グレイズ・アナトミー』シリーズの吹き替えでは、舞台が医療現場ということもあり、命に関わるシビアなシーンが頻繁にあります。自分では本番でちゃんとやったつもりでも、後でディレクターに「あのセリフは、ラステスのほうが良かったから、そっちを使うね」と言われたことが何回かありました。本番よりも、少し肩の力が抜けているラステスのほうが自然だったんですね。生本番や生放送ではないので、それも可能なんですが、心の中では「あちゃ〜」となります。

同じセリフに慣れず、やりすぎず、新鮮な気持ちで本番に臨むことは、いつまでたっても私の課題となっています。

最初にお話しした〝現場を引っ張っていくプレッシャー〟は、主演として作品を支えていかないといけないという責任感。……ですが、お芝居の最中は主役とか脇役は関係なく、セリフのやりとりの中でエネルギーを出して盛り立てていくことですかね。

そこにはかつて自分が若い頃に先輩に引っ張ってもらった経験があり、今度は自分が同じように返していかないといけないという思いもあります。先輩方が圧巻のお芝居で役を演じ、それに触発されて、自分でも想像していた以上に入り込めたことが何度かありました。

そうした素敵な経験を若い頃からさせていただいたので、今、恩返しの意味も込めて、後輩たちに自分が伝えられることは伝えていきたいなと思っているんです。（拙著『ことのは』は、その一つになるといいな）

ただ、２０２０年からのコロナ禍の影響で、近年は大勢で収録ブースに入る機会がぐっと減っていきました。それに、かつては新人を主人公に起用し、その子を育てていくような形で周囲をベテランで固めていく作品が多かったのですが、数年前から新人ばかりで構成されたアニメも増えてきています。

このことは、役をもらえるチャンスが広がったとプラスに捉えることもできますが、先輩たちの背中を見て学んだり、熟練の表現に触発されることが期待できない分、自分たちの力で役を掘り下げていくしかない。大変な時代だなと思います。

それに登場人物が多ければ多いほど、キャラクター同士の差別化が難しくなっていく。でも、そんな状況だからこそ、たとえ短いセリフでも魂を込めて表現し、一本自分の筋を通して深めていくのが大切だと思います。

役作りは、努力して準備すればした分だけ形として現れますし、そうした姿勢はスタッフも気づいてくれるもの。ちゃんと見てくれている人は必ずいるものです。

スタジオへのスタンス

少々ベテラン気取りのことを語ってしまいましたが、ふと現場で周りを見渡して〝私がいちばん年長者かも!?〟というシチュエーションが増えてきました。後輩の多い現場で気をつけているのは、キャリアが上だからという意識はあまり持たないようにすること。自分の役割をきちんと果たせばいいのだと思っています。

私は集中すると、一人の世界に入ってしまいがち。気持ちとセリフのタイミングなど確認しておくことはたくさんあります。できれば本番前は関係ないおしゃべりは避けたいです。なので、休憩になると頑張って話しかけたりします。(頑張って、ってなんだ笑)

収録中気づいたことがあれば、その役者にささっと伝えるようにしているのですが、何度も言うようにお芝居の正解は一つではないですし、私の思っていることが正しいかどうかもわかりません。そこでの正解は、監督がＯＫを出したものです。

ただ、役者側だからわかることってあるんですよね。ほんとにちょっとしたこと。

あくまで意見の一つとして伝えるだけにしています。

以前、私はダメ出しをされて解釈に相違があると、生意気にも自分の思いを述べてしまうことがありました。でも、監督が一度でも違和感を抱いたのであれば、最終的にはやり直しになるものなんです。それならば、無駄な抵抗で貴重な時間を潰してしまうより、気持ちを切り替え録り直しをして、どのテイクを使うかは後で決めていただければいいと考えるようになりました。

それに、役者の感性ほど曖昧なものはないとも言います。芝居の良し悪しを客観的に判断するのは音響監督や演出家。だからこそ、自分の個人的な感覚は過信しないように努めています。

スタジオに臨むとき、家でのリハーサルでがっちり固めないようにします。尺の都合で当日にセリフの変更やカットは頻繁。相手役がどんな芝居をするかわからないのだから、セリフを受けてから新鮮に返せることが理想です。準備は大事、と同時に少し余白を持って現場へ臨めればベスト。車のハンドルでいう、「遊び」を持つという感覚です。キャリアを重ねても、そうした柔軟さは持っていなきゃと思いますね。

仲良し先輩後輩対談

高山みなみ×三石琴乃

みなみさんといると、
素になるというか、
普通だったら出さない気持ちも
こぼれてきちゃう

初共演は約30年前。レギュラー作品での共演で距離を縮め、今もプライベートでも会う仲という三石さんと高山みなみさん。“従姉妹みたいな感じ”という仲良しの二人の対談は、共演作の思い出話から始まり、役者として大事にしていることなど深い話題へ進んでいきました。

琴ちゃんの印象は鈴のようなキラキラ声

――初共演は1991年の『電影少女―VIDEO GIRL AI―』のカセットブック。高山さんが天野あい役、三石さんが早川もえみ役とWヒロイン役を演じました。

三石 私はまだ2年目か、3年目でした。

高山 私は4年目ぐらいの頃かな。

三石 そうそうたるメンバーの中に入って、ヒ～ッと思ってました（笑）（編集部注：ほかのキャスト陣は佐々木望、井上和彦、若本規夫、青野武）。当時の私は、まだ単発でこんなに重要な役をやることはなかったんですよね。

――現場でのお互いの印象は？

三石 もう自分のことでいっぱいいっぱいで、人のことなんて見ている余裕がなくて！

高山 そうだよね、私もまだそうだった！ 若い時って、みんな現場ではいっぱいいっぱいなんです（笑）。でも、当時の琴ちゃんの印象といえば、やっぱり声。ほかの人と〝鳴り〟が違うんですよね。「鈴を転がすような声」という表現があるけど、まさにそれ。特に高い声を使うと、コロコロキラキラという音が入っているようだなって思っていました。

三石　みなみさんは、当時からジブリの作品でメインを張っていたので、やっぱりすごい方というイメージが強かったですね。それに主人公の佐々木望さんも、売れっ子でスターという印象だったので、私はただドキドキしていました。うれしいっていう気持ちと、自分が任された重責とが相まって、地に足が着いてなかった。こういう音声だけのドラマだと、役者の存在をすごく感じるというのもありましたね。今思えば、幸せな現場だったなって思います。

役の関係性そのままにみなみさんを頼りにしていた

——その後も『ツヨシしっかりしなさい』『剣勇伝説YAIBA』で共演が続きます。特に『YAIBA』では、高山さんが主人公の刃役、三石さんがヒロインのさやか役で1年間の共演。

三石　『YAIBA』の時、帰りに一緒に帰った駅のホームで、「私は大丈夫でしょうか」みたいな重い質問を投げかけちゃったことがあって。

高山　あった？　そんなこと（笑）。

三石　「大丈夫、大丈夫ー」って言ってもらったんです。

高山　言いそうだね（笑）。

三石　当時は役の関係が、そのまま私たちの人間関係にもシンクロしていたような感じがあって。刃は、さやかにとって全幅の信頼を寄せている男の子。弟みたいな存在ではっきりとした恋という感じではないけど、その一歩手前のような関係性なんですよね。刃はさやかに対して「俺が守る」「絶対に助けに行く」という気持ちを持っていて、みなみさん本人としても、その気持ちを持っていてくれたと思うんです。

高山　うんうん、それはある。

三石　だから私自身も、刃への「好き」「頼りにしてる」っていう気持ちがそのまま、普段から表に出ちゃってたの。

高山　私の答えも、刃と同じように「大丈夫、大丈夫」だもんね（笑）。

三石　みなみさんといると、なんかふっと素になるというか、普通だったら出さない不安な気持ちもこぼれてきちゃうんですよ。「どんとこい」っていう、男らしい感じがある（笑）。

高山　なんか、二人の関係って従姉妹みたいな感じだよね。きょうだいよりも遠いけど、会ったらいろんな話をしちゃう。

大人になってからできた友達のありがたさ

――仲良しなお二人の、特に気が合うポイントは？

高山　逆に気が合わないポイントがわからないくらい（笑）。合う・合わないで考えたことがないかも。

三石　そうですね。しいて言うなら……肉が好きなところ？（笑）

高山　そうだね！　私たち二人と、山崎和佳奈ちゃんの3人で会うことが多いけど、誰かが疲れてくると「肉食べに行こう！」ってなるよね。ここ3、4年は行けてないけど、それまでは少なくとも年に2回くらいは行ってたよね。で、食べながら近況を話し合う。

三石「現場でこんなことがあったんだけど、どう思う？」とか。

高山「エーッそんなことあったの⁉」とかね（笑）。

三石　打ち明ける場があるだけでも、心の平衡を保てるので、ありがたいです。

高山　大人になってからの友達っていいよね。

三石　本当にそう思います。特に私はなかなか踏み込めないタイプだから。

高山　琴ちゃんって、パッと明るいイメージもあるんだけど、実は閉じているところもあるっていうか。
三石　そんな私にも、みなみさんが常に「ほら、来いよ！」「いつでもおいで！」と手を広げていてくれるから本当に救われましたね。みなみさんは多分、みんなに対してそうなんでしょうけど。
高山　いやいや。私もすっごい人見知りなの知らない？
三石　ほんと⁉
高山　実際は、仲良くなるまでにすっごい時間がかかるタイプなんだから！
――そんな二人がここまでの仲になったのは、やはり『ＹＡＩＢＡ』での共演が大きかったでしょうか？
高山　そうですね。１年の共演で時間をかけて、役とともにだんだん近づいて行けたんですよね。
三石　おかげで信頼も生まれたし、すごく仲良くなれました。『ＹＡＩＢＡ』が終わって、すぐに『名探偵コナン』が始まったじゃないですか。実は私、あの時（毛利蘭役の）和佳奈ちゃんにジェラシーを感じていたんです。『ＹＡＩＢＡ』で「さやかーーーっ！」と言ってくれていたのに……。
高山　直後に「らーーーん！」だからね（笑）。

三石　もう、「取られた！」みたいな気持ちでした（笑）。仕方がないですけど。
高山　すごく印象深いのが、『コナン』の500回記念パーティでクルーズ船に乗った時。和佳ちゃんの前で、琴ちゃんが私を指して「昔の男よ」って言ったのよ（笑）。
三石　言っちゃった（笑）。
高山　えーーーー⁉ってなったもんね、あの場が（笑）。
三石　ケンカ売ってるよね。蘭に投げられちゃいますよ（笑）。プライベートで3人でお肉を食べているときは全然そんなことを感じないんです。だけど『コナン』の現場だけは、新一と蘭がしっかりと信頼し合っているのを目のあたりにするとついついそうなっちゃいます（笑）。

心の距離、実際の距離……役同士の〝距離感〟が大事

――お互いへの質問を用意してもらいました。三石さんからは「みなみさんが役をやるときに大事にしていることは何ですか？」

高山　やっぱり、距離感。役として、周りにいるキャラクターたちとの距離感はいつも考えてやっています。自分がやっている役が相手をどれだけ信頼しているのかとか、

好きなのか嫌いなのかという心の距離。時間の経過と共に変わってくるものだから、1話と10話でも変わってくるんですよね。

三石 私も激しく共感します。心の距離感と、実際の立ち位置の距離感、上下関係の距離関係もあるし。

高山 距離ってすごく大事だよね。空気もあるし。同じ隣同士でも、寒い場所なのか暑い場所なのかによって、全然違ったりする。船の上にいるのか、部屋の中にいるのかでも違う。

――一言で距離感といっても奥が深いですね。

三石 あと、みなみさんに聞いたことですごいなと思ったことがあるんです。『名探偵コナン』でアクションシーンをやった後に、実際に筋肉痛になるんですよね？　そんな声優さん、ほかに知らない！と思って。

高山 ほんと？　でも脳って、筋肉に指令を出しているところじゃない？　だからスケボーに乗っているときは脳が「今、スケボーに乗っています」と認識するから、やっぱり脚に力が入るし、高いところからドン！と着地すれば体に衝撃が走るわけだから、筋肉痛にもなると思うんだよね。

三石 たしかに、お芝居には体力が必要だなとは私も思うんです。上半身だけでお芝居するんじゃなくて、地に足をつけて踏ん張って。だけど、筋肉痛にまでは……！

高山 キャラクターの体の使い方が違うんだよ。こっちはほら、ちっさい体で高所から転落とか、サッカーボールを蹴るとか、車を避けながらスケボーで走り抜けるみたいな力の入るアクションのシーンが比較的多いからね。劇場版では特に、毎回（笑）。そういう日は、全身に湿布を貼って寝ます（笑）。

三石 すごい！

高山 先輩たちを見ていると、筋肉痛にならずに、逃がす方法もあるのかなってたまに考えますね。でも自分には無理なのかも（笑）。不器用だし、全身を使って芝居したいタイプだから。

三石 本当に、声優の鑑だなって思います。

——ほかに聞いてみたいことは？

三石「今、コロナ禍の若い人に勧めることはなんですか？」。私は番組見学から入った人間なので、プロの仕事を目の当たりにして、そこに向かって努力してくることができたんだけど、それがない今の若い人たちはどうしたらいいかなって思うんだよね。

高山 コロナ禍で収録の仕方も変わって、ほかの方の演技に触れる機会が少なくなっちゃってるよね。こういうときは、自分を磨くしかないと思う。いいものを見るとか、いいものを読むとか。

三石　なるほどね。

高山　私は、本を読むことを勧めるかな。テレビや映画もいいけど、出来上がってるものより、読んで想像して、書かれてるセリフをしゃべってみるのはいいと思うよ。

みなみさんに「大丈夫」と言われると「大丈夫かも」と思える

――高山さんから三石さんへの質問は？

高山　琴ちゃんは、真面目で深く考えちゃうタイプだから、ちゃんとリラックスできているかな？と心配になることがあるんだよね。だから、質問は「いちばんリラックスするのはどういうときですか？」。

三石　リラックスかぁ……。なんだろう……？　うーん……。

高山　そんなに深く考えなくていいのよ（笑）。

三石　やっぱり、お風呂に浸かっているときですかね。

高山　そういえば、私たち二人でお風呂付きのエステに行ったことがあるよね！

三石　アフタヌーンティーもついていた女子プラン！　懐かしい。

高山　あれは良かったよねー。エステの時間が短いなって思ったくらい満喫しちゃった。
三石　マッサージもお風呂も、リラックスには最高ですよ。また行きたいですね。
高山　だね〜。早く自由に行動できるようになるといいな。またいろんな話をしたいよ。やっぱり、リラックスとメンテナンスは大事！　でも琴ちゃん、お風呂に浸かることで日常的にリラックスできているんだね。それは良かった。
――高山さんが、役者としての三石さんに望むことは？
高山　琴ちゃんには、今後も好きなことを何でもやってほしいですね。前に、ドラマ（『リコカツ』）に出てたじゃない？　声だけじゃない活躍も、すごく素敵。舞台も吹き替えも、ナレーションも何でもやっている琴ちゃんだから、役者として全ジャンルを網羅してもらいたいです。
三石　ありがとう。実はまたドラマが決まったんだよね（※取材時）。いきなりチャイナドレスの謎の占い師。
高山　いいじゃん！　あなたはもう、キレイどころの女優さんの中に入っているわけだから。
三石　いやぁ……私はそこじゃないなぁ……。そこにはもう、プロフェッショナルがいるもの。

高山　そこに入っていけばいいじゃん。
三石　そのパワーがない……。
高山　大丈夫大丈夫！　ここまでやってきたんだから！
三石　……あ、この感じ久しぶり。いくら不安なことでも、みなみさんに「大丈夫」と言われると、「大丈夫かも」と思えるんですよね。
高山　体調管理さえきっちりしていたら大丈夫よ。ドラマ出演のオファーが来て、「受けます」と言った時点で、やる気になってるんだから。大丈夫！
三石　うん、そうだね。本当にありがとうございます。

高山みなみ

たかやまみなみ●5月5日生まれ。81プロデュース所属。主な出演作は、アニメ『名探偵コナン』（江戸川コナン）、『忍たま乱太郎』（乱太郎）、『魔女の宅急便』（キキ／ウルスラ）、『ゲゲゲの鬼太郎（第5作）』（鬼太郎）、『ミスター味っ子』（味吉陽一）、『らんま1／2』（天道なびき）、『SHAMAN KING』（ハオ）、『戦姫絶唱シンフォギア』（天羽奏）、『鋼の錬金術師 FULLMETAL ALCHEMIST』（エンヴィー）など。三石さんとは、『電影少女 -VIDEO GIRL AI-』、『剣勇伝説YAIBA』などで共演。現在は主に『名探偵コナン』、『ドラえもん』で共演している。

声優アイドルグループ・ハミングバードのコンサート。人前に立つ以上、
しっかり歌と振り付けを頑張るぞ！という思いでした

第4章

根幹と枝葉

ベスポジ放送委員会

子供の頃は極度の人見知りでした。

目立つことがとにかく苦手だったんです。

少しでも恥ずかしさがこみ上げてくると、顔から首から全身が真っ赤になってしまって。それを見たクラスメートに囃《はや》し立てられて、さらに真っ赤になってしまう。そんな状況は絶対に避けて過ごしたかったんです。

足が速いわけでも、勉強が人一倍できるわけでもなく、緊張しすぎる以外は、おそらくとっても普通な子。休み時間は、友達と仲良くおしゃべりしたりしていました。クラスでもめ事があると、収まるまでじっと静観しているような……そんな、まるで草食動物のように学校生活を送っていました。

小学5年生の時に放送委員になりました。

クラスの全員が何かしらの委員に就かなければいけなかったので、特に意図もなく放送委員になったのです。

古い学校でしたから、放送室といっても印刷室と兼用で、部屋の隅っこに放送用の卓が設置されていました。中央にはガリ版の印刷機や裁断機が置かれた大きな机がデンとあり、インクの匂いが充満しているようなところ。マイクも立派なものではなく、卓から蛇のようにニョロっと出ている据え付け型。

その部屋で給食やお昼休み、掃除の時間に、マイクを使ってお知らせをしたり、音楽を流したりする委員の仕事が好きでした。ピンポンパンポ〜ン♫の音は、実際に小さな鉄琴をたたいていたんですよ(笑)。

この質素な放送室、恥ずかしがり屋の少女にとっては、まさにベストポジションなわけです。

人前で何かしらをする勇気はないけど、姿が見えない放送であれば、委員として人の役に立つことができるんです。それに、自分の声が学校中の教室や校庭、それに校長室にまで届いているという感覚がとっても不思議で楽しくて。

いつしかこの〝陰の存在〟という立ち位置に大きな魅力を感じていました。

放送委員では、先生からのアイデアで朗読もやりました。『吉四六さん』という民話を、4人ぐらいの生徒で給食の時間に生で朗読するというものでした。

私は主人公の吉四六さん役ではなく、ト書きを読む係。先生がその場でざっくり担当箇所を割り振ったのです。本番では緊張のあまり、なんと《きっちょむさん》をすべて《ちょっきむさん》と間違えて読み続けてしまったんです。

……終わってから、誤読に気づいた時のいたたまれなさといったらなかったです。石橋をたたいて渡るタイプの人間が自分の失敗に気づくと、本当に立ち直れなくなっちゃうんですよね……。あの時の「やってしまった」という感覚は今も鮮明に覚えています。

今となっては、笑い話。こうして、楽しかったこととしてずっと心に残っているわけですし、声優を目指すルーツになったと言ってもいいでしょう。

そして、みんなで一緒に一つの物語を作り上げた達成感、それを学校中に届けたという興奮。生放送の楽しさと恐ろしさを同時に味わった小学生の私でした。

そうはいっても、役を演じたり、声で表現することの楽しさ自体は、この頃はまだよくわかっていませんでした。この時に生まれた「種」のようなものは、しばらく心の中で眠っていて、芽を出す季節をずっと待っていたのかもしれません。

秘密のミラクルアイテム

高校生の頃までは将来の夢を聞かれると、「幼稚園の先生」と答えていました。というのも、私が通っていた幼稚園に、とてもかわいくて優しくて、キラキラした先生がいらしたんです。いつもその先生を目で追っていました。遠足の時に一緒に撮った写真があるんですが、それも渾身の勇気を振り絞ってお願いしたもの。もはやファンみたいな感じでした（笑）。

その方に憧れて、私も幼稚園の先生になりたいと思い込んでいたのですが、いざ進路を決めるとなった高校生の時、思いもよらない現実をつきつけられました。少子化で全国的に子供の数が少なくなっているのに、それに反して私たちの世代は人口が多い。保育士の資格を取っても2～3年は待機しなければいけないと知ったんです。まさか仕事がないなんて想像もしていなかったので、慌てて別の職業を見つけようとリセットしました。

その時です。声優に挑戦しよう！と思ったのは。高校時代も放送部にいた私にとっては、〝マイクでしゃべる仕事〟が選択肢として浮かび上がってくるのは自然な流れだったのかもしれません。私にとって声だけが広がっていくマイクは、ミラクルアイテムのような存在でした。

そこから養成所や専門学校を調べました。当時は今のように声優学校がたくさんあるわけではなく、事務所付属の養成所もほとんどありませんでした。東京アナウンス学院、青二塾、そして勝田話法研究所くらいしか見つけられず、どんな雰囲気かもわからなかったので、アナ学と勝田の体験授業を申し込みました。

マイクでしゃべるのなら「女子アナウンサー」もよぎりましたが、短大に行ってまで興味のない授業やテストを受ける気力はなかったんです。それに花形職業すぎてちょっと敬遠。なんたって陰であることに魅力を感じたのですから。

小さい頃からいろんなアニメを見ていました。中学生くらいの時、同じ名前が別番組のエンドクレジットに登場することに気づき、同時に、キャラクターによって全然声が違うことに驚きと興奮を覚えたんです。また、学生時代は深夜によくラジオドラマを聞いていて、声だけで聞き手にさまざまな想像をかき立てる声優の表現力の高さに強く惹かれていたというのもありました。
一度こうと決めたら、迷わず突き進むタイプの人間です。夢を声優になることへとスイッチしてからは、ブレることなく、ただただ邁進していきました。

高校卒業後に勝田声優学院に入ったことはすでにお話ししましたが、実はその前年の高校3年生の時にもプロに教えていただく機会がありました。ちょうど夏休みの期間に、ニッポン放送が主催するカルチャースクールの一環として、声優教室が千葉県の柏市で開催されたんです。しかも講師が納谷悟朗さん、武藤礼子さんと、すごく豪華でした。

ドキドキワクワクの最初の授業、学生や会社員や主婦らさまざまな受講者が集まっていました。納谷さんはみんなの前で開口一番、「こんなんで声優になれるわけない、無駄だね」とおっしゃったんです。突然のことで、〝いきなり何を言い出すんだろう〟と戸惑ったのを覚えています。教室内は、水を打ったように静まりかえっていました。その後も納谷さんは「そもそも声優なんてのは〜」とお話を続けていましたが、ショックで頭の中が真っ白、何を講義されたのかよく覚えていません。

そもそも「声優」という職業は、新劇の俳優さんらがアルバイト的にこなしていたものでした。私の勝手な想像ですが、俳優だから声優もできたのであって、俳優の技術や芸をすっ飛ばして声優になるなんて、荒唐無稽だと言わんとしたのかもしれません。いちばんまともなことを伝えてくださったんだなと思います。できるなら、タイムマシンでもう一度納谷さんの講義を聞きに行きたいです。

当時の言葉だけを素直に受け取ると、声優になりたいと集まった人たちの夢を否定しているように聞こえますが、本音を包み隠さず届けるという正直なお人柄だったのだと思います。

礼子さんは毎回しっかりと素人向けの課題を設け、最終日には受講生全員で一つのラジオドラマを作る機会を用意してくれました。それも、有楽町にあるニッポン放送のスタジオで。初めて生で見るスタジオに感動したのはもちろんですが、そんな環境で多くの方とお芝居をして、物語を作れたことが本当にうれしかったですし、〝やっぱり声優の仕事は面白い!〟と強く再確認したのです。

初めてのエンドクレジット

勝田声優学院に通うことは自分で決めて、両親にもしっかりと報告しました。いきなり娘から「声優になりたい」と聞かされた時はどう思ったんでしょうね。仕事の内容については理解していたと思います。家ではよく家族で洋画を見ていましたし、その吹き替えを声優と呼ばれる人たちがやっているんだということも漠然とわかっていたはずですから。

ただ、やっぱり不安もあったでしょうね。学校に通うとはいえ、資格を取れるわけでもなく、卒業してすぐに仕事がもらえるわけでもない。それに私も、自分が成功するかどうかがわからない以上、不安を取り除いてあげられるようなことも言えなくて……。

勝田声優学院は、1、2年目は週1回、3年目以降は週2回だったので、普段は学費をためるためにアルバイト生活。当時でいう肩身の狭いプー太郎ってやつです。それでも母はいつも笑顔で支えてくれていました。父は私には何も言いませんでしたが、陰で心配もしていたそうです。あとで聞いた話ですが、ときどき私に対する不満や愚痴を母にぶつけ、それでも母が「琴には直接そんなことを言わないであげてね」と防波堤になってくれていたようなんです。

複雑な気持ちを抱えながらも、ずっと両親は見守ってくれていたんだと思います。勝田声優学院には上京して一人暮らしをしている人もいました。それを考えると、衣食住がそろっていて、サポートしてくれる家族がいたことは、すごく恵まれた環境だったんだなとあらためて思います。

その両親に、最初に恩返しができたかなと思えたのは、初めて番組内のクレジットに私の名前が載った時です。

それまでにも外画のガヤや企業用ビデオに出させてもらっていましたが、クレジットが省略されることもありました。それもあって、エンディングテロップに「三石琴乃」という名前が出た時は、実績を示すことができて両親もようやくホッとしてくれたかなと思います。

養成所時代はアルバイトをいろいろやっていましたね。高校卒業後は、平日は我孫子市にあったスイミングスクールの受付をして、土日には信濃町の明治記念館の写真室でアテンドのバイトをしました。父の弟、つまり私の叔父が半蔵門にある結婚式場「東條會館」の中華レストランでコック長をしていて、その「東條會館」の写真室が明治記念館にも入っていました。東條の記念写真はうまいことで有名なんです。（バイトから15年後、私の結婚式の写真も撮ってもらいました。）叔父の紹介で入ったアルバイト、きっと父は私のことが心配で、目の届くところで働かせたかったんでしょうね。

ほかには、サンシャインシティのエレベーターガール、ドーナツ屋さん、建設会社の雑務などを経験しました。

バイトが終われば家に帰って自主練習の毎日。そりゃあ、やりますよね。真面目な三石さんですから（笑）。

養成所の課題レッスンは基本的に一人で、同期の誰かと一緒に取り組むことはなかったですね。養成所卒業後は、有志で集まって参宮橋の国立オリンピック記念青少年総合センターで自主トレをしていました。後の劇団あかぺら倶楽部旗揚げメンバーです。いろんなサークルが活動できる施設があり、そこにみんなで集まっていたんです。広い公園だったので全員で走り込んだり、筋トレしたり。逆立ちの状態で発声練習をしたり、表情筋を鍛える顔のトレーニングなんかもやってましたね。お芝居には持久力やエネルギーが必要なので、運動部並の体力作りに励んでいました。いつも不安と隣り合わせでしたが、体を動かすとポジティブになれた気がします。

「声優になりたい」と単身養成所に飛び込みましたが、志を共にする仲間ができて〝お芝居〟の楽しさを体中で感じ始めていました。この頃はまさに私にとっての青春でした。

アイドル声優活動

今でこそアニメのキャラクターを演じる声優が、キャラソンを出したり、ライブで歌ったり踊ったりするのは珍しいことではなくなりました。というより、昨今はコスチュームでのライブ活動が前提でのオーディションが実に多くなりました。

93年からOVA（オリジナルビデオアニメ）とライブコンサートを同時に展開させた『アイドル防衛隊ハミングバード』の取石皐月役として、私もアイドル声優活動の経験があります。

メンバーは玉川砂記子さん、天野由梨さん、草地章江ちゃん、椎名へきるちゃん、そして私の5人姉妹役。音楽活動以外にも、キャンペーンでかわいい衣装を着て挨拶まわりをしたりと、〝ザ・アイドル〟といったことをしていましたね。

最初にこのプロジェクトを聞いた時は「え〜?・?・?・」という驚きしかなかったです。はたしてお客さんに受け入れてもらえるのか、まるでピンとこなかったんです。

ただ当時は、〝とりあえずやってみてから考えよう精神〟をモットーにしていましたし、オリジナルアニメに出演できることが決め手となりました。まずはアニメ本編の役を頑張る。そこに比重を置いていて、コンサートはおまけ的なものだと考えていたんです。それでもあれだけ人前に出るのが苦手だった私がステージで歌って踊るなんて、もう大冒険なわけです！　ですから、やるからにはダンスや歌のレッスンの時間をしっかりと作ってくださいとお願いしました。

いざ活動を始めてみると、想像を超える応援と声援を目のあたりにして驚きました。単純にうれしかったです。プロデューサー陣の手腕のおかげですね。そして、大勢のお客さんの前に立ちパフォーマンスを提供することが、あれほどエネルギーを必要とするとも思っていなかったので、ステージが終わるたびにヘトヘトになっていました。

それでもきっと5人のメンバーがいて、バックで支えてくれるスタッフがたくさんいたおかげでなんとかやれていたんだと思います。その頃のアニメイベントでは、衣装メイクはほぼ自前でしたから、ハミバでヘアメイクさんやスタイリストさんのありがたみを噛みしめたことを覚えています。

アニメとともにスタートしたハミングバードの活動は3年間だけでした。OVA

制作の終了とともに、潔く解散コンサートを。もともとそういう契約でした。

そういえば、同じ頃『セーラームーン』の声優5人（三石琴乃、久川綾、富沢美智恵、篠原恵美、深見梨加）でイベントをやることになったんです。こちらは役者からの発案で、プロデューサーに作品のキャラソンなどを歌ってもよいか許諾を求めたんです。……が、曲を歌うのは構わないが、『セーラームーン』という作品名を使うのはNGと言われました。ガビーン！となりましたが、仕方ないのでグループ名を「ピーチヒップス」と銘打ち、自主制作ライブを行ったこともありました。大変でしたが、いろんな思い出が凝縮した最高の時間でした。

また、ソロでもアルバム制作をしていました。これもやはり当時の流行といいますか、人気声優はCDを出すのがステータスみたいなところがありマネージャーとも話し合って、「よし、やってみましょう！」ということになったんです。

声優業と音楽活動を並行してこなしていくのは体力的・精神的にも超ハード。性格上、片手間で言われたことだけをするというのもできませんでしたし、どちらにも同じだけの熱量を注ぎ込んでいました。そして見えてきたアルバム制作のいいことと悪いこと。ゆえに生半可な気持ちで関わってはいけないとも思い、私は手を引きました。私自身、やはり役者であることと音楽活動は別物で、それぞれ大好きな人が取り組むべき奥深い世界という気がします。さまざまな経験をすることは役者としても肥やしになります。ただ、声優としての現場ではお芝居に集中したい。疲れてスタジオに行ったり、仕事の準備をおろそかにしたら自分の評価をおとしめることになってしまいますから。

同時期、声優専門雑誌が創刊され、アイドル化現象が加速しました。こうした華やかな場所に憧れて声優を目指す人も多いでしょう。一般の芸能事務所も声優部門が作られ参入し始めました。その意味では、私たちが新しい文化の幕開けの一端を担ったという言い方もできます。また一方で、「この業界をぶち壊した世代」とおっしゃる方もいました。本来は裏方としてお芝居をしていた場所にスポットが当てられ、思いがけず騒がしくなってしまった環境を憂いていた方々がいたんです。意図していなかったとはいえ、たしかにそうした功罪を生んでしまったのかもしれません。ただ、当時から魅力的で才能ある逸材が多かったですし、ジャパニメーションの注目度も相まって、声優に光が当たるのは必然だったとも思います。

入院1カ月、自宅療養3カ月

『美少女戦士セーラームーン』が始まった頃は人生最初の多忙を極めていました。

家から都内スタジオまでは片道約2時間。アニメレギュラーに加え、週一でキャラソンのレコーディングをこなして、イベントで東名阪を回っていました。オリジナルのアルバムを出そうと動き出したのもこの頃で、ボイストレーニングにも通いました。そうした忙しさにかまけて体調管理を怠っていたんでしょうね。病気を患い、緊急入院することになりました。

前兆はあったんです。ときどきひどい腹痛があり、婦人科にも診てもらっていました。でも、「何ともないね。ただの生理痛でしょう」との診断。もっと詳細に検査しておけばよかったです。

それからしばらくして、家で『セーラームーン』のアフレコに行く準備をしている時、ついに動けなくなるほどの痛みに襲われました。

何とか母の勤め先に電話をして助けに来てもらったものの、病院に向かう道中の車の揺れにすら耐えられないほどの痛みでした。

原因は、卵巣内膜症によるチョコレート嚢胞《のうほう》に穴が開き、膿が腹腔に漏れ出したため（穿孔《せんこう》性卵巣嚢腫）でした。

お医者さんに「内臓が痛いというのはよほどのことですよ。腹膜炎になっていたら命に関わりますから」と説明され驚いて。まさか自分が命の危険にさらされていようとは夢にも思いませんでした。手術でお腹を開けてみたら、少し腹膜炎を併発していたんです。本当に命が助かってよかった。

術後は入院1カ月、自宅療養3ヵ月を言い渡されました。

お仕事は当然、しばらくキャンセル。

大変だったのは、私が倒れた日の『セーラームーン』の収録だったと思います。ありえないことですよね、当日に主役が来ないなんて。本当に多方面の方々にご迷惑をおかけしてしまいました。

ただ、不幸中の幸いと言っていいのでしょうか……当時はＳＮＳもない時代でしたので、４週間ほど先のオンエアーまでは世間様には知られずに、そして業界の情報は入ってこず、静かに病院で過ごすことができたんです。実家に近い病院でしたので、母が毎日のように世話に来てくれました。

家族がそばにいてくれるというのは本当に安心でした。過干渉でもなく、心地いい距離感でいてくれる。親子って、その時々でいちばんいい空間を作ってくれるんだなと思ったのを覚えています。

電車で2時間もかけて関係者の方々がお見舞いに来てくださったり、励ましのお手紙を送ってくれたり。ありがたかったですね。

その一方で、順調だった仕事がすべてキャンセルになったことは本当につらかった。それに、数カ月先に決まっていた結婚が、この病気をきっかけに破談になりました。人生、こんなことがあるのかと現実を受け止めるのに必死でした。もう、泣くしかなかったです。泣いて泣いて、ちょっと落ち着いて、また泣いて……。そうやって、少しずつ混乱と痛みを鎮めていったんでしょう。

また、その時は劇団あかぺら倶楽部公演の役も決まっていたんですよね。山田太一さんの『ジャンプ』という戯曲です。

さすがに役を外されるだろうなと思っていたのですが、病院にお見舞いに来てくださった水鳥鐵夫さんが「劇団としては琴乃のままでいきたいと思っている」とおっしゃってくれて、「やります！」と返事をしました。

それまではすごく落ち込んでいたのですが、その公演が入院中の支えになりました。ベッドで台本を読んで、リハビリで病院の廊下や階段を歩きました。周りの皆さんが口をそろえて、「焦らずに」と言ってくれましたが、気持ちのアクセルはガンガン踏み込みつつ、同時にブレーキもかけて。そうやって、焦る自分をもう一人の自分が落ち着かせていきました。

仕事復帰は、退院して1カ月後ぐらいだったと思います。そこから徐々に体力と感覚を戻していきました。

お腹を切ったので歩行もゆっくり、人込みや満員の電車が怖かったです。手術の傷は、そんなに一気には癒えません。

本当はいちばん早く戻りたかった『セーラームーン』は、物語のちょうどいい区切りとなる話数からの復帰と決まっていました。頭でわかっていても、すぐに現場に戻れないことにもどかしさを感じていましたね。

台東区上野の母の実家近くで。ニットは母の手編み。

三石家座談会

ファンレターをくださった方には
毎年年賀状でお礼を返してたよね。
家族みんなで宛名書きしたりして。

父の健三さん、母の文子さん、弟の洋史さんの４人家族で育った琴乃さん。幼少期は引っ込み思案だったという性格から、いかに今の〝三石琴乃〟が誕生したのか——。常に近くで支え、見続けてきた家族だからこそ知る一面をたっぷりとうかがいました。

七五三の記念に上野のおばあちゃんが誂えてくれた正絹の着物。

いろいろ遊びに連れて行ってもらいました。出かける直前にトイレに行きたくなる心配性。

母方の初孫でそれは大事にされました。毛糸屋を営む共働きの両親の元、ぷくぷくと成長しました。

「琴乃」の由来は母が好きだった琴の音

――最初に、琴乃さんが生まれた時のお話からお聞かせいただけますか?

文子 琴(琴乃)は難産で、35時間ぐらいかかったんです。途中で、お父さんも疲れて、隣のベッドで寝ちゃってましたし(笑)。

健三 当時は、できるだけ自然に生まれるのを待つという感じでしたからね。

琴乃 おばあちゃんが持ってきてくれたおにぎりを、分娩台で食べてたって聞いたよ。

文子 そうそう。それで生まれた後も、心臓に穴が空いているっていうので、しばらくは病院に通っていたんですよ。

琴乃 いくつの時の記憶かはわからないけど、

柏南高校卒業。先生も生徒も「個」を尊重し合える過ごしやすい学校でした。

一段と前髪厚くなり中学卒業。学級崩壊があった時代で、サバイバルな中学３年生でした。

小学校の卒業式。眉毛もまつ毛もボーン！な頃。前髪で眉毛を隠したいお年頃。

心電図のコードをたくさん体に付けられていたのは覚えてる。

洋史 へ〜、その話は初めて聞いたな。

健三 穴は自然とふさがっていったし、大事には至らなかったからね。

――「琴乃」というお名前の由来は何ですか？

文子 私が昔からお琴を習いたかったんです。でも、実家はお肉屋でそういった家庭でもなかったですし。近所に三味線の先生がいて、よくお稽古の音を聞いていましたけど、やっぱりお琴の音が素敵だなと思って。

健三 それと、私が乃木希典将軍の「乃」の漢字が好きで。その二文字を合わせました。

洋史 昔は珍しい名前だったんじゃない？

琴乃 うん。声優のお仕事に就いた時も、「芸名なの？」って聞かれることが多かった。

池袋サンシャイン60でエレベーターガールのアルバイト。女性だらけの職場は一種独特でした。

2歳違いの弟と。天真爛漫（すぎる？）な人柄で好かれるヒロが羨ましかったな。

19歳。愛車のYAMAHA FZ250フェザーと。同級生でも女性ライダーが多かった。

姉弟ケンカで弟に負けた記憶はない（笑）

――小さい頃はどのような性格でしたか？

文子　本人は「内弁慶だった」と言ってますけど、母親の目で見る分には普通の子でしたよ。ちょっと気が小さかったかなというぐらいで。

洋史　いや、俺にはものすごく気が大きかったけどね（笑）。でもたしかに、学校で見かける時の姉ちゃんはちょっと違ったかも。

琴乃　家とは正反対だった？（笑）

洋史　学校ではしおらしいというか（笑）。

琴乃　学校で目立つとなんか恥ずかしくてすぐ赤面しちゃうのよ……。家ではよくケンカしてたね。それも、あんまり負けた記憶がない（笑）。

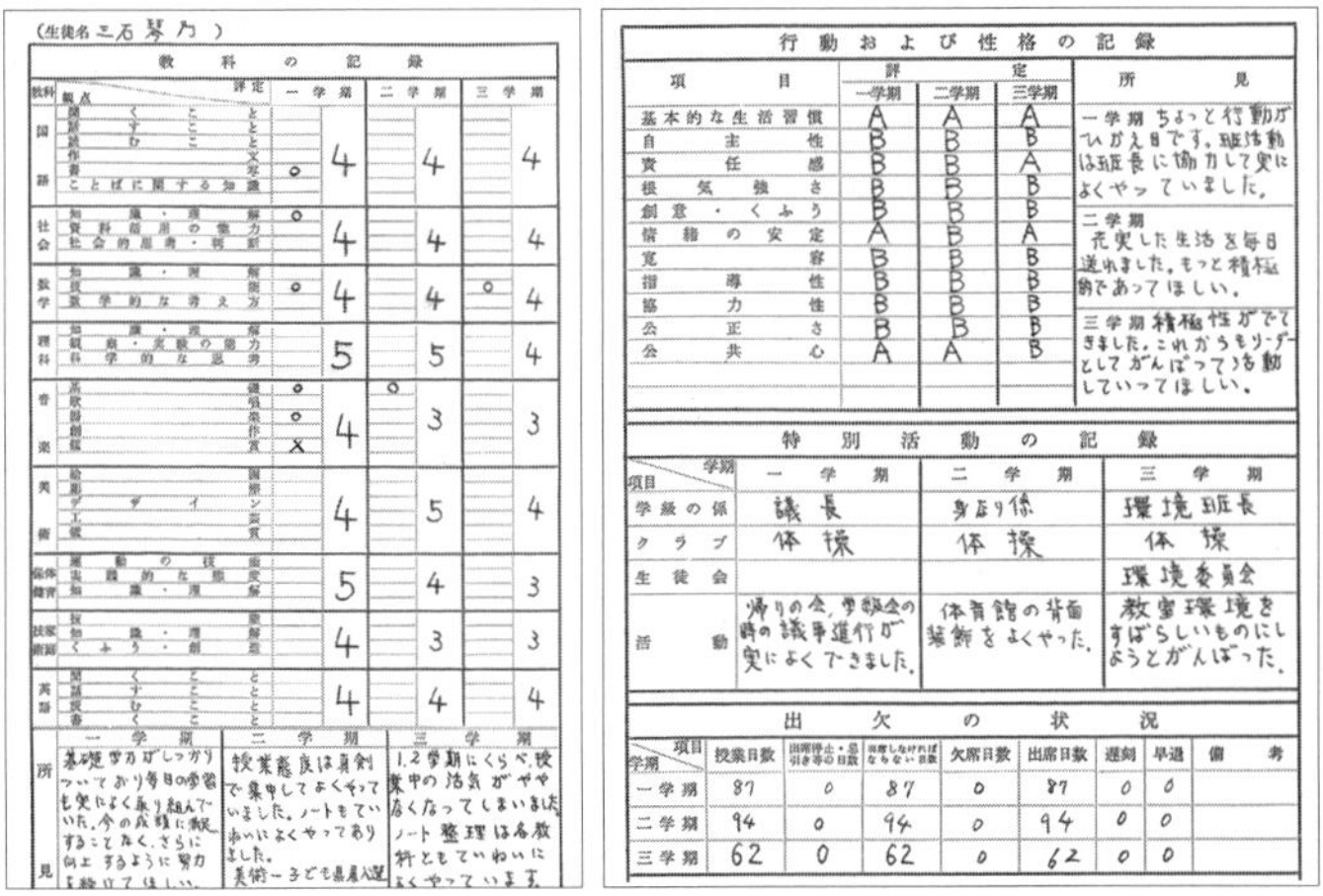

（生徒名 三石琴乃）

教科の記録

教科	一学期	二学期	三学期
国語	4	4	4
社会	4	4	4
数学	4	4	4
理科	5	5	4
音楽	4	3	3
美術	4	5	4
保健体育	5	4	3
技術家庭	4	3	3
英語	4	4	4

所見
一学期　基礎学力がしっかりついており毎日の学習も実によく取り組んでいた。今の成績に満足することなく、さらに向上するように努力を続けて欲しい。
二学期　授業態度は真剣で集中してよくやっていました。ノートもていねいによくやってありました。美術―子ども県展入選
三学期　1.2学期にくらべ、授業中の活気がやや無くなってしまいました。ノート整理は各教科ともていねいによくやっています。

行動および性格の記録

項目	一学期	二学期	三学期
基本的な生活習慣	A	A	A
自主性	B	B	B
責任感	B	B	A
根気強さ	B	B	B
創意・くふう	B	B	B
情緒の安定	A	B	A
寛容	B	B	B
指導性	B	B	B
協力性	B	B	B
公正さ	B	B	B
公共心	A	A	B

所見
一学期　ちょっと行動がひかえ目です。班活動は班長に協力して実によくやっていました。
二学期　充実した生活を毎日送れました。もっと積極的であってほしい。
三学期　積極性がでてきました。これからもリーダーとしてがんばって活動していってほしい。

特別活動の記録

項目	一学期	二学期	三学期
学級の係	議長	飾り係	環境班長
クラブ	体操	体操	体操
生徒会			環境委員会
活動	帰りの会、学級会の時の議事進行が実によくできました。	体育館の背面装飾をよくやった。	教室環境をすばらしいものにしようとがんばった。

出欠の状況

学期	授業日数	出席停止・忌引き等の日数	出席しなければならない日数	欠席日数	出席日数	遅刻	早退	備考
一学期	87	0	87	0	87	0	0	
二学期	94	0	94	0	94	0	0	
三学期	62	0	62	0	62	0	0	

中学校の通知表。先生の所見にある「積極性」というものが苦手でした。なぜ、何につけても積極的に頑張らないといけなかったのでしょう。とにかく人の前に出ることが恥ずかしくて仕方なかったです。

文子　子育てで苦労したという思い出はないかな。育てやすい子だったと思う。人見知りがあったから、近所の方に初めて会った時は「少し冷たい感じの子ね」って言われたこともありましたけど、私はそんなふうに思っていなかったので、まったく気にしていませんでした。

健三　小さい頃はいつもかわいらしい格好をしていましたよ。文子がたくさん手作りのニットを作って着させていましたから。

琴乃　自慢話みたいになっちゃうから（笑）。

――今日はたくさん通知表や小さい頃のお写真を持ってきていただきました。

洋史　（学生時代の通知表を見て）けっこう、優秀だったんだね。

文子　勉強はいつも真面目にやっていたね。テストの前は試験範囲を繰り返し3回やって、

それが終わるまで寝ないって決めていて。私も夜食を作ってあげたりしていたから、寝るわけにもいかず（笑）。

琴乃　その節はありがとうございました。

文子　そうした、一つひとつのことをしっかり理解しながら前に進んでいくというのは、当時から変わってないかもしれないです。

洋史　性格面で少しずつ変わっていったのは、人とのコミュニケーションぐらいじゃない？　高校時代はよく友達が遊びに来てたし。

――琴乃さんが声優を目指そうと思われたのも、高校生ぐらいの頃ですか？

琴乃　そうです。ちゃんと考えるようになったのは高3の時だったと思います。

文子　アニメは好きでよく見てたもんね。

健三　『ハッチ』（『昆虫物語 みなしごハッチ』）とか見てポロポロ泣いてたよな。

芸能人になるのが夢だった父

文子　そうだね。メーテル（『銀河鉄道999』）の絵をよく描いていたのは覚えてる。

洋史　放送部にも入っていたし、人前で話すことが好きなんだろうと思ってたので、声優になりたいって聞いても、そんなに意外に感じなくて。それに親父も昔から僕と姉ちゃんに、「お前たち、何でもいいからオーディション受けろ！」って言ってたし。

健三　ははははは！

文子　お父さんは、芸能人になるのが夢だったから。

健三　石原裕次郎の映画が好きでね。

洋史　だから、きっと親父は喜んでいるんだろうなって思ってた。

琴乃　実はそうでもなかったんだよね（苦笑）。直接私には言わなかったけどバイトじゃなくてちゃんと働いてほしいって思ってたみたい。近所の方に、「娘さんは何をされているんですか？」と聞かれても、何て答えていいのかわからない時期があったってお母さんから聞いたよ。

文子　一回、外に放り出されたことがあったよね。

琴乃　あ、そうか！　あれはそういう理由だったんだ！　お父さんが怒り出して、私とお母さんに「出てけっ！」って。裸足の土の感触は今も覚えてる。

文子　雨戸まで閉じられて（笑）。

琴乃　悔しさで涙出ちゃって。お母さんは車で、私は自転車でその辺を少し走って、気持ちを鎮めたんだっけね。

健三　……全然覚えてないなぁ。
琴乃　うん、絶対に覚えてないと思う。少しお酒も入ってたし、私も忘れてた(笑)。でも、あの頃はやっぱり心配かけてたんだね……。
洋史　声優の養成所に通いだしたのは高校卒業してすぐだっけ？　毎日のように部屋から早口言葉を練習している声が聞こえてた。
琴乃　養成所は週に1～2回で授業も夕方からだったし、家で練習する時間があったから。昼間にエレベーターガールとかのバイトをして、授業料を払ってたの。
洋史　えっ？　自分で払ってたんだ!?
文子　親からはいっさい援助しなかったから。
洋史　そうだったんだ。……すみません、自分はスネばっかりかじってて(苦笑)。
――でも、そうしたいろんなご家族の不安も『美少女戦士セーラームーン』のヒットで、少し気持ちが落ち着いたのではないでしょうか。
文子　いえ、それでも心配はありました。画面を通してアニメを観ていても、〝あれ？今ちょっと風邪気味なのかな〟と思ったり。
琴乃　鼻声になっているのとかわかるんだ？
文子　うん。全部わかった。やっぱり自分たちで育ててきた子なわけだから。

衣装を着て歌う姿への衝撃

琴乃 お母さんは、昔から舞台も全部観てくれているもんね。お父さんもコンサートを観に来てくれたよね。

健三 初めて観たのは『ハミングバード』（『アイドル防衛隊ハミングバード』）のステージだった。九段会館で公演をした。

琴乃 今では珍しくないけど、声優がアニメのキャラクターとして歌って踊るということを30年くらい前にやっていて。

文子 スタッフの方に「今、リハーサルをしているので3階からご覧ください」と案内してもらって、扉を開けた瞬間に、体中がゾワゾワっとしたのを覚えてる。衣装を着て歌ってる姿を観たのは、その時が初めてだったから、今まで感じたことのない衝撃が走って。

健三 その頃ぐらいからかな。私が経営してた中古車販売店にも、ファンの方が来るようになってね。

――お父さまのお店に『セーラームーン』のポスターを貼っていたそうですね。

健三　そうそう（笑）、車を買ってくれた人には琴乃のサインをプレゼントしたり。
文子　しばらくはファンレターを下さった方に、毎年年賀状でお礼を返してたよね。
琴乃　当時はＳＮＳとかがなかったから、感謝の気持ちを直接返せるのが年賀状だったんだよね。家族みんなで宛名書きしたりして。今でもたまに仕事の現場で、「もらった年賀状、大事に取ってます！」という方とお会いすることがあるよ。そういう声を聞くと、よりいっそう頑張ろうという気持ちになる。
文子　応援してくださる方がいるというのは、本当にうれしいものでしたね。仕事が軌道に乗るまでは、いつも家に帰って泣いていましたから。夕ご飯の時間になると、目を腫らしてやってきて。理由は聞かなかったけど、大変なんだろうなっていう心配だけはしてました。
洋史　そういう一面は知らないなぁ。

母に見せる涙もろい一面

文子　私の前だけかもしれないけど、意外と涙もろいところがあるのよ。それで『セーラームーン』で人気を頂けて、やっとうまく行きかけたかなと思ったら、ちょっと病気になっちゃってね。
琴乃 24歳の時だね。
文子 仕事中、琴から「お腹が痛くて動けない」という連絡を受けて、急いで家に帰ったんだけど、一人では車に乗ることもできなくてね。
琴乃 そうだった。お母さんに「車を揺らさないで運転して」とムチャを言って（笑）。
文子 いちばん近くにある大きな病院に連れていったんだけど、そこには婦人科がなくて、それでも「すぐに手術をしないと危険だから」ということで外科の先生が代わりに手術をしてくださったんです。
琴乃 でも、そうしたことがあったからって、声優の仕事をやめなさいとは言わなかったね。
健三 もう、動きだしている仕事もいくつかあったから。それに、休養中は代役の方が『セーラームーン』の声を担当されていたけど、お店に来たお客さんのお子さんが、「最近、ちょっと声が違う」というようなことを言っててね。自分はそんなに違和感がなかったように思っていたけど、子供にはわかるものなんだなって、あらためて大事な仕事を任されているということを感じたのもあったかな。
——家族の間でお仕事の話をされることはあるんでしょうか？

琴乃　最近はあまりないですね。母は私のＳＮＳを見て、「こんな仕事をするんだ」って情報を得ているみたいですけど（笑）。
文子　印象に残ったものに関しては、感想を伝えたりはしていますけどね。
琴乃　特にドラマ（『リコカツ』）に出た時は喜んでくれたね。珍しくヒロも見てたし。
洋史　だって、仮想の世界とはいえ、北川景子さんが自分の姪っ子、義理のお兄さんが佐野史郎さんになったんだよ？　あれはすごくうれしかったなぁ（笑）。
琴乃　そっちか！（笑）

いつも助けてくれる家族

――（笑）。三石さんの活躍の裏にはご家族の強い支えがあることがうかがえます。
琴乃　本当にいつも助けてもらってます。特に出産後はしばらく実家から仕事に通いました。共働きだったので東京に戻っても子供を預けたり、父が車で運転して来てくれて「流山便でーす！」とか言って、大量のおかずを持ってきてくれたりしましたから。文ちゃんはベビーシッターで朝早くから電車で来てくれたよね。
文子　よくロールキャベツを持っていったね。電車で運ぶのが大変だったけど（笑）。

洋史　二人は逆に、姉ちゃんから旅行をプレゼントしてもらったこともあったよね。
健三　結婚30周年の時に、沖縄旅行にね。そんなことをしてもらえるとは思ってなかったから、びっくりしたよ。
文子　海外にも連れていってもらったし。
洋史　うちの子供たちにも良くしてくれるしね。二人は、姉ちゃんがこれだけ活躍していても、まだ心配なところってあるの？
健三　体のことはずっと心配かな。
文子　うん。その不安が尽きることはないでしょうね。だから、以前、「声優学校の先生みたいなことはしないの？」って聞いたことがあったの。そうした仕事なら生活も落ち着くんじゃないかなって。でも、あっさりと「やらない」って（笑）。今は受ける仕事も自分で決めて、スケジュールも一人で調整しているみたいだから、そこは少し安心だけど。
健三　そうだね。それに、こうしてずっと元気に仕事をしてくれているからね。その姿を見て、ホッとしているところもあるかな。

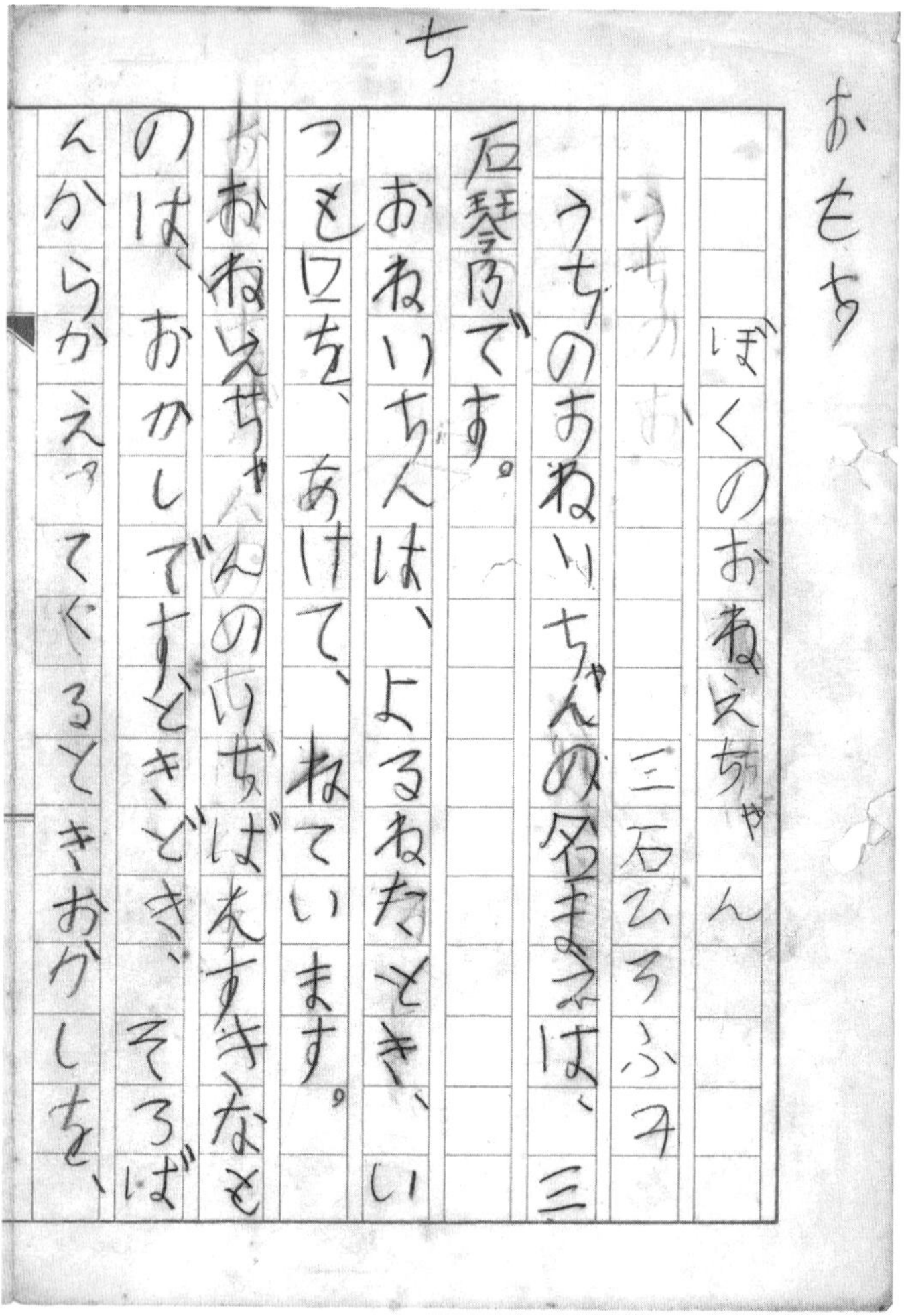
おもち

ち

ぼくのおねえちゃん

三石ひろふみ

うちのおねいちゃんの名まえは、三石琴乃です。

おねいちゃんは、よるねたとき、いつも口を、あけて、ねています。

おねえちゃんのいちばんすきなものは、おかしです。ときどき、そろばんからかえってくるときおかしを、

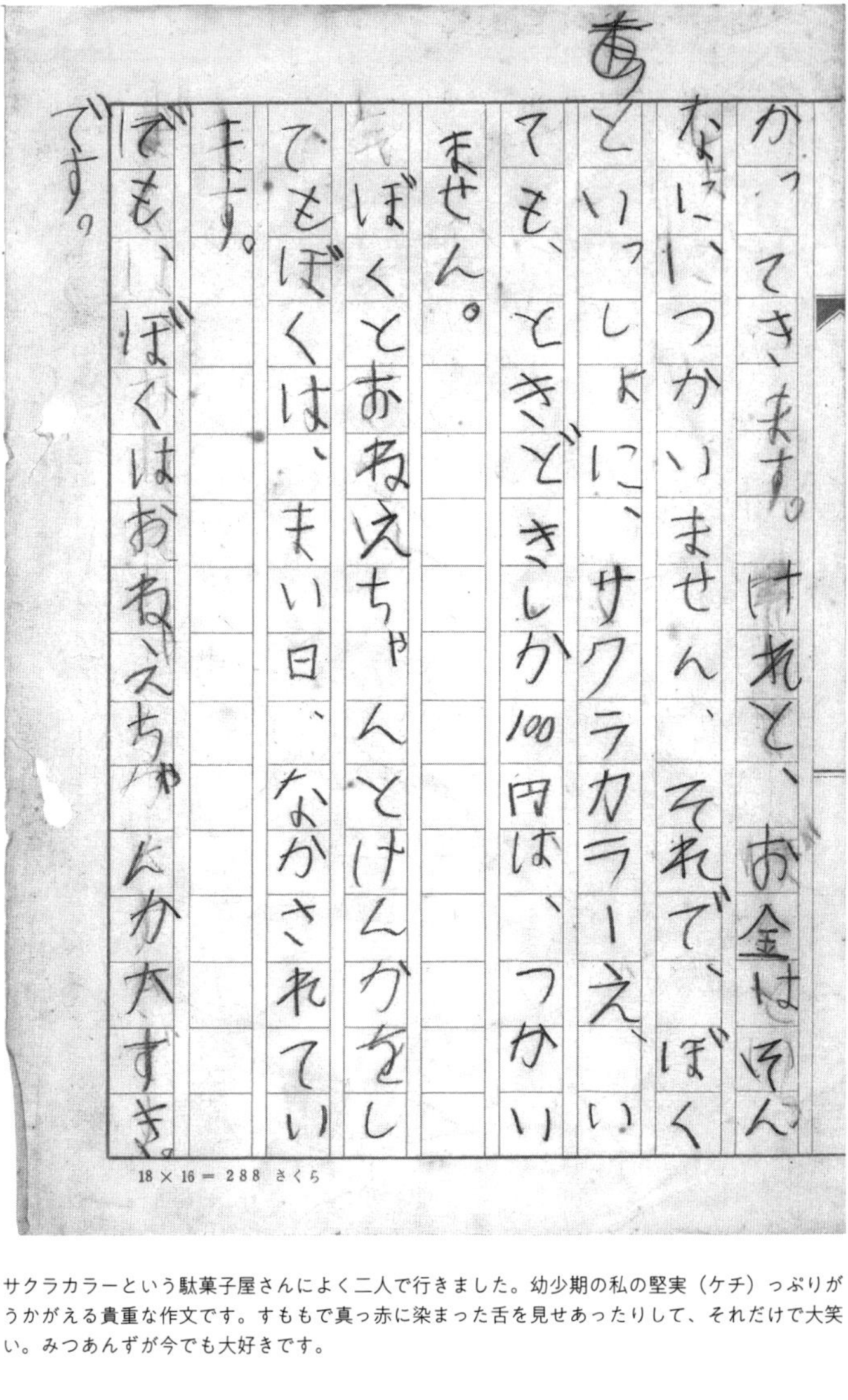
かってきます。けれど、お金はそん
なに、つかいません、それで、ぼく
といっしょに、サクラカラーえ、い
ても、ときどきしか100円は、つかい
ません。
ぼくとおねえちゃんとけんかをし
でもぼくは、まい日、なかされてい
ます。
でも、ぼくはおねえちゃんか大すき
です。

18 × 16 = 288 さくら

サクラカラーという駄菓子屋さんによく二人で行きました。幼少期の私の堅実（ケチ）っぷりがうかがえる貴重な作文です。すももで真っ赤に染まった舌を見せあったりして、それだけで大笑い。みつあんずが今でも大好きです。

愛はあっても執着しない

病気を経験したことで私が知ったことの一つ。それは、〝自分がいなくても作品は続いていく〟ということでした。

『セーラームーン』やいくつかの作品は幸いにも復帰できました。でも、代役の方がそのまま本役として引き継いでくれた作品もありました。

今は、代役を担ってくれた方々には感謝をしてもしきれないです。その一方で、自分が演じなくてもキャラクターはテレビで動き続けていくんだということを目のあたりにしたんです。

その現実は、当時24歳の私の中に深く重く染みわたりました。

冷静になって考えてみれば、当たり前のことではあるんです。

そのキャラクターが生まれた背景には、原作者のアイデアがまずあり、プロデューサーが企画を立て、アニメーション監督や脚本家の肉付けがあって、それで最後に私たちが声を足していく。

〝命を吹き込む〟と言うとかっこいいですが、私たちはあくまでキャラクターを作る一部に参加しているに過ぎないんですね。でも、役を任されたからにはそのキャラクターを愛し、絆だって生まれていく。無意識に〝この役は私のものだ〟と勘違いしてしまうこともあるでしょう。


思えば、『セーラームーン』に復帰した時、何とか自分らしいキャラクターを取り戻そうと、必死になりすぎていました。プロデューサーに、「三石さん、ちょっとうさぎちゃんの演技が怖いよ」と言われたりして。

お気楽でおバカな役なのに、余裕がなく、相当力が入っていたんでしょうね。独占欲のために役作りを台無しにしていたんです。

きっと、愛しているものと久しぶりに再会して、強くハグをしすぎちゃってるような状態だったんだと思います。……まあ、あの時ばかりはしょうがなかったと、思いますけどね。

でも、それから徐々に、自分が演じた役に独占欲を持つのは違うと思うようになりました。

オーディションに落ちたとき、そりゃガクッとくるけれど〝そうかぁ。残念だけど今回はご縁がなかったんだなぁ〟と気持ちを切り替えやすくなりました。また、出演作品がリメイクされ、キャストが一新したときは、〝今回はこういうメンバーなんだ。また違った面白さが生まれるかしら〟と思うだけで、そこにネガティブな感情は生まれないんです。

一方、作品を愛してくださるファンの方の中には、新しいキャストの声に違和感を持たれる方もいらっしゃると思います。

アニメーションの場合は、たとえリメイクされても、基本的にはキャラクターの顔が同じですからね。どうしても画を見ると、自分がいちばんなじんでいた声を脳が覚えていてフラッシュバックしてしまいます。

これは仕方ないです。大好きな役、励まされたキャラクターであればなおのこと。そういうときは「大好きだった」という思いを心の中で大切にする。それで充分ではないでしょうか。

お客さんは大いにさまざまな感想を持っていいんです。でも演じ手は、愛はあっても執着をしないほうがいい。

もちろん、「あの役はやっぱり三石さんじゃないとね」なんて言ってもらえると役者冥利に尽きるというもので、とてもうれしく思います。〝そうでしょ、そうでしょ！〟って心の中でちょっと鼻高々になったりして（笑）。

でも時代は流れ、旬の役者も変わっていくものです。人間はいつか死んでしまうものですし、アニメ作品は未来のスタッフが制作し続けるかぎり、生き続けます。そこに独占欲を持っても仕方のないこと。

20代の半ばだった頃の入院手術で、業界から強制カットアウトした私。

きっと天狗になりかけていた私の鼻を、神様がポキっと折ってくれたんだと思います。でなければ、今も仕事が続いていることはなく、消えていたことでしょう。

……とはいえ、相当痛かったですけどね。

価値観激変、怒涛の子育て

32歳の時に一つの人生の転機が訪れました。結婚です。

結婚の報告をした女性の大先輩から「結婚するのなら声優をやめなさい」と言われたことがありました。ご自身は結婚されてお子さんもいるのに、その真意はわかりませんでしたが、両立できるほど簡単な世界ではないということを言いたかったのかなと、その時は漠然と解釈していました。

でも、実際に結婚したことによる、仕事への影響は少なく、何かが大きく変わるということはなかったですね。

実生活も体も激変したのは、結婚よりも出産の時でした。

臨月になると肺が圧迫され、普段どおりに息が吸えなくなるので、長ゼリフが一気に言えなくなりました。産後も、横隔膜などのトレーニングをしないと発声が戻らなかったりと、初めて経験することがたくさんありました。

何より、価値観がガラリと変わり、すべてが子育て優先になりました。毎日髪を振り乱しての子育てと仕事の両立。今までは緊張していたスタジオは、ゆっくり座ってコーヒーが飲める癒やしの場に感じたことも。

あれだけお仕事第一だったのに、産後は、収録が終わるとすぐにでも家に飛んで帰りたくなって。帰るコールをした時、電話越しに子供の泣き声が聞こえると、居ても立ってもいられなくなりました。一秒でも早く駅に着きたいという気持ちで、電車の先頭車両まで車内を歩いたことも(笑)。

そして生命の神秘を体験したのは、街中で誰かの赤ちゃんの泣き声を聞いてしまうと、不思議とお乳が張ってきたこと。人間って、命ってすごいなぁ、こうやって母親になっていくんだなぁって思いましたね。

兎にも角にも、周りの人に助けられながら何とか乗り切ることができました。

子供が物心ついてきて、私の仕事に気づいたのは、多分幼稚園の頃でした。

私からはあえて話しませんでした。『セーラームーン』のDVDを見せている時も「これ、ママの声なんだよ」と言ってしまうと、違う耳で聞いてしまうと思ったから。純粋にエンターテインメントとして作品を楽しんでほしかったんですよね。

ただ、勘のいい子なので、私が家で台本と映像をチェックしていると、テレビのオンエアが結びついて、「……あれ⁉」と感じることがあったんだと思います。それに、DVDのパッケージ裏に書かれたクレジットに私の名前に似た漢字があることに気づいたのかも。それでも、私からキャラクターの声を演じているとは意地でも言わなかったですね。

幼稚園では、先生やお母さん方がなぜか私の職業を知っているということはありました。ただ、気づいた方にもあくまで子供のママという立場で接しました。やはり幼稚園は子供が主役、わかって接してくれる方が多かったです。

唯一、子供が年長の時の最後の運動会では、実行委員さんから放送アナウンスの要望が来ました。お世話になった園に恩返しの気持ちでちょこっとだけ、保護者リレーの入退場の際にキャラクターボイスで盛り上げました。大人は喜んでくれましたが、園児たちはポカンでしたね。

子供が幼稚園の頃、その行事を優先したいのと、仕事環境を変えたい気持ちもあり、20年お世話になったアーツビジョンをやめてフリーになりました。

そして、母でもなく声優でもない居場所として、日本舞踊の習い事を始めました。日舞は、へたっぴながらも今も続いています。

理想を言えば、家族といるときやプライベートな時間は、リラックスして過ごしたい。反対に、キャラクターを演じるときは作品の世界観すべてを背負って、魂を込めて表現していく……ですが、社会の一員でもあるわけですし、ま、そううまくいかないもんですね～。

声優専門誌『声優グランプリ』1998年3月号より。撮影で笑うことが難しかったとき、
カメラマンさんを身近な誰かに置き換えると笑えるよ、という情報が役に立ちました。

第5章

色とりどりの言の葉

事務所所属からフリーへ

ちょうど40歳になった頃、それまで長年在籍していた事務所を離れ、フリーになる決意をしました。いろいろと思うこともありましたし、心機一転したかったんです。

「フリーになってどうですか？」と聞かれると、いつも、「いいよ、私には合ってるみたい」と答えています。

マネジメントをすべて自分一人で行っているので、仕事を決めるスピードが速く、スケジュール管理も子供の行事など優先で調整しやすくなりました。それにお金の流れも非常にクリアです。大変なのは月末の請求作業ぐらいかな。ＯＬ経験があったので、なんとなく会社間のやりとりや、請求書発行などの流れは理解していました。

ストレスはほぼなくなりましたが、事務作業など、事務所のありがたさもよくわかります。フリーの場合、急に自身の体調に何かあった場合にフォローアップが難しいということがあります。今のところ、仕事に穴を開けるような緊急の事態はありませんが、事務所に所属していれば、急病などのときに誰か別の役者を手配できるのです。私は少しでも体調に違和感があったとき、すぐ医者に行くようにしています。年一回の1日人間ドックや婦人科検診、そして肺機能検診も。疲れがたまったときは整体マッサージに時間を割きます。身体が凝り固まっていると、呼吸や発声に影響しますよね。とにかく、レギュラー番組を任されている責任がありますから。

通常、テレビ局など関係機関には連絡先をお伝えしているので、仕事の依頼などが直接私の携帯電話にかかってくることもあります。「はい、三石です」と電話に出ると、初めて依頼をする方は、本人が電話に出るとは思っていなかったようで、すごく驚かれることも。そして、熱量高く直接「ぜひこの案件は三石さんにお願いしたい」「いつか三石さんとお仕事をするのが夢でした」なんて言葉を聞くとうれしくなりますし、私のモチベーションも上がって、〝この出会い、この作品を絶対にいいものにしよう〟という気持ちになります。

最初は不安ながらも一念発起して、〝えいや！〟と始めたフリーでの活動ですが、気がつけば15年以上がたちます。「大変でしょ」と言われることもありますが、デジタル通信の進化のおかげもあり、年々、映像や台本はデータで送ってもらえることがほとんど。やってみれば案ずるより産むがやすしで、なんとかなっているのもしれません。

これはある程度、自分にキャリアがあったからできたと言えますね。声優になりたいと思っている人がいきなりフリーでやろうとしても、それは難しいかも。まずは実績を積み、その過程で自分はアニメに向いているのか、外画のほうが合っているのか、はたまたナレーションに魅力を感じるのか……自分の目指す道を見極めていく時間が必要。そのためには事務所に所属していろんなお仕事を経験していくのが定石かと思います。もちろん演技を勉強するために劇団などで修行するのも素晴らしいですが、新規案件やオーディション情報などは、局や音響制作会社とのパイプがある事務所が強いのかもしれません。

近頃はフリーの役者も珍しくなくなりました。そして事務所の数も増え、多様化しているようです。事務所が大手であるほど、一人のマネージャーが抱える声優の数も多くなり、なかなか隅々まで手が回らないということがほとんど。フリーになってからさまざまな事務所のマネージャーさんとも接してきましたが、夜遅くまで外回りで超多忙です。そしてほとんどの事務所ではマネージャーは個人にはつきません。アニメ、外画、CM、ナレーションなどジャンル別に部署が分かれています。事務所によってどの分野が強いのかなど特色があったりします。

狭き門を突破して、念願の事務所に所属したとしても新人は仕事を選べません。どんなご縁があるか、こればっかりは誰にもわかりませんよね。巡ってきた仕事は大事に取り組みつつ、〝この経験をいつか自分の目標に活かそう〟と貪欲に吸収していく気持ちが大事なんだと思います。自分でやると決めた以上、一生懸命に向き合うべきです。その分野で活動している方に失礼にあたりますし、片手間でやっている姿はすぐに見抜かれてしまいますから。そして自分がどうなりたいのかを見失わないようにすること。

私自身も、新人の頃は映像の仕事が多かったんです。企業のPRビデオでお芝居したり、レポーター役を務めたり。なんで声優事務所なのに映像の仕事をやっているんだろう?と当時は思いましたが、驚いたことに今、ドラマの仕事に必死に取り組んでいる真っ最中です。

似て非なるナレーション

私のプロフィールにはいつも「声優」「ナレーター」という、二つの肩書きを入れるようにしています。この二つは似て非なるものです。声を使う仕事だから似たようなものでしょ?と思って取り組むと痛い目を見ます。

「声優」とは俳優であり、役を演じ、お客さんに向けて気持ちや物語を届けていきます。その存在はストーリーの主軸に位置して、お客さんの追っている焦点の先にいます。一方、「ナレーション」は番組のジャンルによってアプローチは多岐にわたりますが、焦点を集めず、脇に控えて映像と視聴者の橋渡し的な存在。あくまで主役は映像。個人の感情は最低限で十分です。

また、声優は台本に書かれた物語と役の心情を読み解く感性や共感力が大事ですが、ナレーションは独特の文章の読解力が重要です。

そして、私の場合ナレーション録りは当日原稿が多く、下読みの後マイクテストをしたらすぐ本番で録っていきます。映像は初見、タイムコードを追いながらしゃべっていきます。ですから、どんなナレーションが求められているのかを素早くくみ取るセンスが必要になってくるんです。ＶＴＲにはすでにＢＧＭや効果音が入っているので、その雰囲気に合うスピードとタッチで原稿を読みます。アタックなど効果音が入っている場合は極力重ならないように私は注意しています。尺を合わせる技術は声優業の感覚が役に立っています。

2～3時間特番になると、編集作業が押してくることもあります。

昔、永田町のスタジオで夜の11時からナレーション録りで呼ばれたのに、時間になってもまだ編集作業が終わらず、「すみません、あと1時間ほどどこかで時間を潰してもらってもいいですか」と言われ、〝そんな時間にどこに行けと？〟……なんてことがありました。私も困りますが、おそらくそんな状況では番組ＡＤさんはほぼ寝ずに作業しています。原稿の文言修正が多くなったり、殺伐としている現場でも、平常心で自分の仕事をするメンタルが必要なこともあります。私は心が乱れると、大概声に影響するので、トチリが出てヘコんで帰った日もたくさんあります。

ナレーションの仕事は番組のジャンルごとにアプローチも変わってきます。

私が意識しているのは、スポーツ番組ではテンポよく爽やかに、通販番組ではテンションを高めで楽しくということ。……いえ、通販番組のときは商品の紹介ナレーションを読みながら「すご～い！」と本当に欲しくなるので、自然と気持ちも上がってるんです（笑）。驚きの事件などを紹介する『世界が騒然！　本当にあった㊙衝撃ファイル』という番組は少し独特ですね。実話だけど、どこかフィクションっぽい再現映像には、あえて強めのナレーションで流れを作っています。ドキュメンタリー番組は、距離感近め、だけど違う時間軸に存在して、口ではなく心がしゃべる感覚で寄り添います。

いちばん長く携わっているのはバラエティ番組だと思います。タイトルコールなど、番組全体の色を作っていく役割を担っていますが、すでにタレントさんが笑いを生み出した構成になっているので、それまでの流れを壊さず邪魔をせず、そして熱量はそのままに画面転換や解説などで空気感を変えていきます。そのため、どこかしら自分自身もディレクターのような目を持ち、言葉を落とし込んでいるような感覚がありま す。

そういえば、以前、ナレーターの後輩から興味深い資料を見せてもらいました。

２０１０年頃の民放各局の番組ナレーターを見ると、メインで活躍されている方々が、10年後の２０２０年とほとんど変わっていなかったんです。達者なナレーターは10年以上第一線で活躍している。アニメーションの主演声優は新しい人へと入れ替わりが激しいなか、ナレーター界のスターは長年しっかり君臨している、そういう世界なんですね。

ただし、昨今のブームの影響で、人気作品に出演した声優をナレーターとして起用する番組が増えてきました。ナレーター界はザワついています。ここで良し悪しが出ますが、勉強をしたり準備をしていた人は、生き残ると思います。

私が思う上手なナレーションとは、上品であり、言葉に押し付ける圧がないこと。また、抑揚の少ない言い回しでありながら、受け手側に内容をスッと届けられること。「間」なんだろうなぁと感じながら、私も修行中です。

ナレーションに関しては、私は〝なんでも屋〟みたいなところがあり、幅広く担当をさせていただいていますが、本当にどれもとても楽しいです。お芝居とはまた違う頭の回路を使いますので、気持ちも切り替わる。続けていきたいお仕事の一つです。

もう一つの人生

私が新人だった頃は、外画でメインをやれるようになったら声優として一人前という風潮がありました。もともと外画の吹き替えから声優業が始まっているので、原点的なところがあったのでしょう。私も20代の頃から少しずつ外画のお仕事も頂いていました。

あらためて言うまでもなく、声優業は舞台や実写のように自分の体をさらして演技をするわけではありません。フィルム内の映画俳優が芝居をしています。私たち声優はその俳優の生理に合わせてアテレコします。細かい表情や呼吸に合わせることを大切にします。でもどうしたって、自分の「間」でしゃべることができない窮屈さはあります。生理とのギャップや気持ちの切り替えにどうにか折り合いをつけて、ウソにならないよう芝居をするのも、声優です。ウソはね……すぐバレてしまうんですよ。

また、声をアテるフィルムはすでに編集されています。カットが変わると、場面が数年たっていることなんてザラです。迫力ある長ゼリフのシーンで、息を吸う部分が編集で切り落とされていたこともありました。演出なんですが、そこに声をアテる生身の私たちにはなかなかに酷なこと。そうしたときは、できるかぎりやってみて、無理な場合はディレクターと相談しながら乗り越えます。たいていは気持ちを切り替えるために、一旦VTRを止めてくれます。映画を生放送で吹き替えていた時代は、本当に大変だったでしょうね。

外画に比べアニメーションのアフレコのほうが幅広い表現ができると言えるかもしれません。私が思うに、二次元のアニメキャラは許容されるお芝居の幅が広いです。外連味《けれんみ》のあるお芝居をしても、大きく道から外れることがなく、意外とハマってしまう。だったら、ありきたりな言い方ではなく、目いっぱいパッションを込めたくなります。最大限キャラクターが生き生き見えるような表現を探求することが面白いと思います。

外画のお仕事は大好きだったのですが、『セーラームーン』で脚光を浴び、アニメ作品が増えたことで、逆に外画作品が少なくなっていった時期がありました。いつか外画のメインも演じてみたいと野望を抱きつつ、でも欲張りすぎなのかもと思ったりもして。そんな時に飛び込んできたのが『グレイズ・アナトミー』の主人公メレディスでした。

『グレイズ』のディレクターは神尾千春さん。神尾さんとの出会いも私にとって大きなものでした。常に役者の気持ちを大事にされる方なんです。

たとえば、若手が本人よりだいぶ年上の役を演じる際、年齢を表現しようとしてわざと喉を絞ってしわがれた声を出しがちになるんですね。恰幅のいい役だと、声を太くしてみたり。すると必ず、「そうした特徴を作らなくていいから、気持ちで会話をしてください」とおっしゃるんです。そしたら不思議なことにピタッと役にはまっていく。もちろん、画面に映る人物の見た目に合わせたほうが一見違和感は少ないはず。でも、声を作ってセリフがウソになってしまってはだめ。特に『グレイズ・アナトミー』は医療ドラマ、命に関わる深くシビアなお話が展開されるので、大事な感情がないがしろになってはいけないんですよね。そうした丁寧な演出、そしてスタジオの良い緊張感もある『グレイズ・アナトミー』にはいろんな事務所から「新人を学ばせたい」という声が上がっていました。

思い出すと、最初は泣きそうなくらい大変な現場でした。主演ですし、周りは外画で活躍している大先輩ばかり。メレディス役は、つかんだと思ってもすぐ指の間から逃げてしまい、毎回死に物狂いでした。それに子育てをしていた時期でしたので、家では子供を寝かしつけた後にしかリハーサルができず、体力的にも精神的にもギリギリでした。

当初はシーズン1の全9話だけの予定でしたので、それまでは倒れず頑張ろうと思っていたのですが、本国で大好評だったことで続編が決定。吹き替えチームもシーズン1の収録が終わったタイミングで「シーズン2が決まりました！」と報告を受け、共演者が声を上げて喜ぶなか、私だけ一人「……マジか」と目が点になったのを覚えています（苦笑）。

でも、その作品がシーズン19（23年現在）まで続いているわけですからね。本当にありがたいです。手前味噌ですが、やっぱり面白い！　何度爆笑して、何度号泣したか。シアトルにもう一つの人生があるみたいです。メレディスやクリスティーナ、デレクにアレックスにリチャードにベイリー、ほかにもたくさんの同志たち。顔を思い浮かべるだけで涙が出てきちゃう。この作品に感謝でいっぱいです。

未知の惑星

2021年、知らない惑星に一人で大気圏突入するような命懸けの挑戦をしました。TBS『リコカツ』という作品で、初めてTVドラマにレギュラー出演したんです。

実は、最初はお断りしました。「あまりにも未知の世界ですし、私には無理です」と。もしも大失敗してしまったら……。考えただけで怖すぎる。〝声優ってこの程度のものか〟と思われてしまうかもしれない。それに、養成所同期の高木渉くんをはじめ、ときおり声優がドラマに出始めている時期でもあったので、もしや話題性のために呼ばれているのならば、荷が重すぎると思っていました。

でも、プロデューサー植田博樹さんはお話の持っていき方が実に見事だったんです。「三石さんは役者ですよね。役者はファイターだと思います。そして僕はドラマというリングを用意したんです」と。その言葉に心が動きました。照明の当たる四角いリングが私には見えました。〝そうか、これは役者としての戦いなんだ。だったら背中を見せるわけにはいかないぞ〟と……。もう、完全に火が着きました。あら、私単純。

私に声をかけてくださったそもそもの経緯は、2020年に堤幸彦監督によるオーディオドラマ『アレク氏2120』に出演させていただいたことでした。一発収録だったその作品で私の芝居を聞き、「瞬時に物語の世界観や内容を深く理解し、そのすべてを表現している」「声優業界にはまだまだ宝が眠っている」と思ってくださったそうなんです。恐縮するほどの褒め言葉ですが、本当にそう感じてくださったのであれば、私もその熱意に応え、ドラマに挑戦してみようと思ったんです。

実は、その前の年にも『科捜研の女』というドラマに1話ゲストで出演したことがありました。そこで映像の仕事の大変さと怖さを知ってしまい、だからこそ二の足を踏んでいたんです。セリフがなく、ただ歩いてきてお焼香をするというだけのシーンだったのに、立ち止まる場所を間違えたり、手を合わせた指先がブルブル震えたりして、養成所の頃の恥ずかしがり屋の自分が再び姿を現したんです。

「でも、劇団で公演に出てたんでしょ？　声以外のお芝居だってできるでしょ？」と思う方もいるかもしれません。けど、私にとっては全然違いました。

舞台だと、演出家や共演者と約1～2カ月の稽古で何度も繰り返し相手役と掛け合い、作品を完成させていきます。けれどドラマの場合はセリフを覚えるのも、演技プランを考えるのも基本的に一人。初対面の共演者がどんなお芝居をしてくるかわからないまま当日を迎え、リハーサルの後、すぐに本番。舞台稽古ほどいろいろと試す時間はないんです。また、いろんなアングルからカメラが狙っているので、動くときも共演者と体がかぶらないように意識しないといけない。当たり前ですが、たくさんのスタッフがすぐ近くで見ているんですよ。また、美術セットとカメラ配置効率や役者のスケジュールなどのため、台本の順番どおりに撮影をしないこともよくあります。気持ちの流れが戸惑いますよね。あらためて、映像の俳優さんたちに感心ばかりしていました。

ドラマの現場で学んだことは「カメラフレーム」の世界だということ。『科捜研』の時は、今、何を撮っているのか、何のために同じ芝居を繰り返しているのかまったく知らず、オンエアで学習しました。でも『リコカツ』の後は、もう家で気軽にドラマを見ることができない体質になりました(笑)。カメラ位置やつなぎやスタッフのことを考えてしまうのです……。このフレームの見えない所で、たくさんのスタッフが頑張っているのだ……って。

そして、『リコカツ』では初めての感覚もありました。1話1話物語が進んでいくにつれ、役が細胞に入り込んでくるような、撮影以外でも常に一緒にいるような感じです。いや～何とも不思議でそこに面白さを感じました。スタッフも温かく、主演の北川景子さんは優しくフォローしてくれました。本当にありがたい現場だったのです。

反響もたくさんいただきました。「良かったよ！」という感想はビギナーに向けたねぎらいの言葉だったのかもしれませんが、私自身、新しい映像の仕事にすごく刺激を受けて楽しかった。だから『Get Ready!』で声をかけていただいた時も、二つ返事で受けました。

始まってみると、堤幸彦監督は第1話の当日にセリフや動きを追加されたので、実はプチパニックでした。絡むのはほぼ藤原竜也さん。さすがのベテランで、控室ではいろいろ話題を提供してくれる優しい方。ある時、セットでスタンバイ中、彼が何か話しかけてきたので私は「え？　え？」と聞き返したら、それはセリフ合わせで、彼は次に撮るシーンのセリフを私にかけてくれていた……なんてことも。まだまだ勉強することが多いドラマの現場です。

コロナ大打撃

世界中を襲った新型コロナウイルス。声優業界でもしばらくは収録がストップしたり、活動が再開しても、限られた人数だけがブースに入ってアフレコをするという状況になりました。

スタジオは音が漏れない密閉空間です。マイクを共有するなんてもってのほか、それぞれにビニールシールドなどで仕切られ、私語はできません。入れ替えのつど換気、そしてスタジオスタッフがマイクやレシーバーを消毒するのです。まさか、これほど大打撃を受けるとは思ってもみませんでした。

キャスト全員で一斉に掛け合いをして収録をするスタイルは日本独自のやり方で、ハリウッドなどでは一人ずつ録音していきます。日本の声優のスキルが高いのは、共演者と一緒に録っているからだと私は思っています。

しかしコロナ禍収録では、若い声優たちが先輩の演技を生で見ることができなくなりました。作品について話し合うこともできない。私だってチャンスがあれば、先輩と一緒に仕事がしたい。隣で芝居をする先輩の熱を肌で感じたり、背中を見ることで自然と自分の身になっていることって、たくさんあるんです。テイクを重ねるたびに次々と生み出される表現の幅や発想力に刺激を受けたり、思いもよらなかった台本の解釈に驚かされたり。

それに、スタジオ内にいる役者にしかわからないわずかな違和感ってあるんです。そんなとき、そっと共演者同士で教え合ったり、確認することができる。そうしたチームワーク、ちょっとしたコミュニケーションが作品全体の豊かさにつながっていくのだと私は思うのです。

この先も個別スタイルが主流になって、私の好きだったスタジオ風景が姿を消していったらどうなってしまうのか。味けなく、寂しいものになります。

収録後の飲み会は控えているし、打ち入り打ち上げはありません。アドバイスをもらえる機会がぐっと減ってしまったどころか、共演者と一度も会うことなく収録だけが進んで番組は終了します。

共演者全員一緒と、少人数の収録では、どうしたって緊張感がまったく違う。そうした状況下では、一人ひとりの自主性が重要になって、自身を向上させるための努力をするか否かで、演者としての力に差が生まれてくることになります。

若手に限らず、私ももっと集中して創造しないとどんどん錆《さ》びついてしまうのでは……という危機感を覚えます。


もしかしたら、私が育ってきた現場体制には完全に戻らないのではないかとも感じています。

一つの理由は、スケジュールの組み方が変化したため。個別収録になったことで拘束時間が短くなり、役者にとっては1日に組める仕事件数が増えました。収入だけを考えると、本人にとっても所属事務所にとってもありがたいこと。製作側にとっても、欲しい役者が1時間でも空いていたらキャスティングできるのです。コロナ禍収録でなかったら、違う人がキャスティングされていたであろう事案。

この、売れっ子一極集中的な露骨な実状、若手にとってはチャンスをつかむ機会がさらに減ってしまうという、二重の打撃。不平等まかり通っております。

でも私が憂いても何も変わらないし、以前と比較して下を向いていても仕方ない。ここはいったん、パンデミックで世界は変わったと割り切って、前に進むしかありません。

一人でも勉強できることはあります。

たくさん本を読んで、物語の紐解き方を鍛えていく。文字として書かれていない行間に思いをはせ、自分の中で想像力を膨らませていく。それと、生の舞台を観るのもおすすめです。舞台というやり直しが利かない緊迫した空気の中で、役者たちがいかに役の感情を途切れさせることなくセリフを紡いでいくかといった表現の世界を体感することができます。目の前で生み出されていく、まるで生き物のような物語を感じることができるんです。

映画でも心を揺さぶることはできるし、アニメを観て達者だなぁと思う役者の表現を勉強するのもありだとはと思いますが、私は人間が演じている姿に刺激を感じます。

〝活きたリアルな言葉〟って永遠のテーマ。混沌としている時代でも、みんな知恵を絞って生きる道を探しています。いいと思ったことは自分に投資する。たくさん栄養を与え、プロで通用する体力を付けたもん勝ちになっていくのでしょう。

踏まれた麦は強く育つと信じて。

インプット・アウトプット

フリーになったこともそうですが、40歳を過ぎた頃から、お仕事にかぎらず、好きなこと、身体が元気なうちにやりたいことにトライしていこうという思いが強く芽生えました。

スケジュールも調整できるし、子育てもちょっとずつ落ち着いてきて、眠っていたチャレンジ魂が目を覚ましたのかもしれません。

それに、声優でもなく、母親でもなく、何者でもない私になれる場所が欲しくなったというのもあり、習い事を始めることにしました。

最初は日本舞踊か殺陣のどちらを習うかで迷っていましたが、始めたのは日舞。

着物が好きなのと、舞台で着物の役がきたとき、ちゃんとした所作が身につくといいなと思って。お仕事が立て込んでいないときは週に1回ほど先生のもとに通っています。

最初は、すべてが刺激的でした。この年齢になると、できないことで怒られるという機会が減っていたので、新鮮でした。ちょっと自主練を頑張って稽古場に行くと、先生が褒めてくれて、わーいと単純にうれしくなります。

周りには物心ついた頃から稽古をされている方も多く、メキメキ上達していきます。そうしたなかで、私は完全に落ちこぼれ。いつまでたっても踊りがその場で覚えられないし、毎回心が折れています。「お疲れ様でした」とお稽古場を出て帰り道を一人トボトボ歩きながら、悲しくなって涙を流すことも。

今なら、どんなに頑張って努力しても報われない役柄の気持ちが手に取るようにわかる（笑）。

また、最近挑戦したことに日本語検定があります。2、3級の試験を受け、2級が合格できず準認定という悔しい思いをしたので、次こそはと思っています。

きっかけは、自分の中身がスッカラカンになった年がありまして、何か吸収したい欲求が湧き上がったんです。

『リコカツ』レギュラー、日舞国立劇場発表会、朗読劇、アニメ劇場公開などなど、もうアウトプットが過ぎてカラッポになりました。

その翌年、日本語の検定ならば、日本語を仕事にしている私に何か役立つはず、言葉を深く鮮明に感じられれば、きっとセリフに奥行きが出るに違いない、と内容をよく知らずに申し込みました。

また、ナレーションの現場では、ときどき言葉遣いに違和感を覚えることがあるんですね。そんなとき、「ここ、ちょっと日本語がおかしくないですか？」と確認をすることもあるのですが、自分の日本語に自信がないと、相手を説得できない。そのためにもしっかりとした言葉の使い方を身につけていきたいと思ったのです。

申し込んで正解だったと思います。実践的な言葉の学習でした。

その場にふさわしい敬語、慣用句、対義語、類義語、変換ミス探し、二重意味の文、長文読解などなど。久しぶりに机にかじりついて勉強しました。記憶力のトレーニングになるかもとわずかな期待も込めて。

「へ～そんな四字熟語あるのか！」とか、「ウソ、間違えた意味で使ってた！」など、いくつも発見がありました。そんな半年間、楽しかったです。

何が役に立つかわからないし、結果がどう出るかもわからない。でも、自分に投資して、栄養つけてインプット。そしていつかどこかでアウトプット。

そうやって自分自身を活性化させながら、ご縁のあったお仕事で私だけが生み出せる〝言の葉〟を届けたいと思います。

三石琴乃略年表

※作品は放送年・発売年表記。

1967年
- 12月8日、埼玉県戸田市に誕生。約35時間の難産で生まれる。

1978年
- 小学校5年時に在籍していた放送委員会で、『吉四六さん』事件が勃発。

1986年
- 勝田声優学院に5期生として入学。週1勝田、週5バイトな生活。

1988年
- 就職。OLをしながら養成所に通う。

1990年
- OL業の傍ら、TVアニメ『キャッ党忍伝てやんでえ』をスタジオ見学。
- 劇団あかぺら倶楽部第一回試演会『みごとな女（作/森本薫)』あさ子役。

1991年
- TVアニメ『ジャンケンマン』チョッキン役で初のレギュラー。
- TVアニメ『新世紀GPXサイバーフォーミュラ』菅生あすか役で初のヒロイン役。
- CDドラマ『電影少女』。早川もえみ役。

1992年
- TVアニメ『美少女戦士セーラームーン』月野うさぎ役で初主演。世界数十カ国で放送される爆発的な人気作となる。今回、武内先生より初めて頂いたムーンのイラストに感激♡

1993年
- 1月、穿孔性卵巣嚢腫で緊急入院手術。
- TVアニメ『剣勇伝説YAIBA』峰さやか役。
- OVA『アイドル防衛隊ハミングバード』取石皐月役。声優が同名のアイドルグループを結成し、コンサートやラジオなどの活動を展開。
- ピーチヒップスのイベントをライブハウス「深川座」にて開催。

1995年
- TVアニメ『新世紀エヴァンゲリオン』葛城ミサト役。『美少女戦士セーラームーン』と双璧をなす代表作となる。庵野さんにダメ元で寄稿のお願いしたらメッセージもらえたー！　小躍りしました！『エヴァ』に『セーラー』に『エビちゅ』でもご縁のあったお方です。ありがとうございます♡

1997年	TVアニメ『少女革命ウテナ』男装の麗人、有栖川樹璃役。
1998年	●TVアニメ『クレヨンしんちゃん』上尾ますみ役。 ●TVアニメ『おじゃる丸』オカメ姫、赤紫式部役。
1999年	●TVアニメ『愛のあわあわアワー』内『おるちゅばんエビちゅ』エビちゅ役。伊藤理佐ちゃんの描くエビちゅに惚れ込み、放送禁止用語などなんのその！でした。 ●TVアニメ『エクセル♥サーガ』エクセル役。 ●バラエティ『ウチくる⁉』ナレーション。19年間続く長寿番組に。 ●結婚
2002年	●出産
2005年	●TVアニメ『ドラえもん』のび太のママこと野比玉子役。
2006年	●海外ドラマ『グレイズ・アナトミー』メレディス・グレイ役。
2007年	●フリーとなる。
2009年	●TVアニメ『ONE PIECE』ボア・ハンコック役。 ●劇団あかぺら倶楽部第33回公演「あなたに会えてよかった〜Communicating Doors〜」ルエラ役。水鳥さんとの最後の舞台活動になる。水鳥さんが喜んでくれることがうれしくて、頑張れた。
2014年	●第8回声優アワード「高橋和枝賞」を受賞。 ●『美少女戦士セーラームーンCrystal』世界同時配信でスタート
2018年	●TVアニメ『ゾンビランドサガ』山田たえ役。
2021年	●TVアニメ『呪術廻戦』冥冥役。 ●TBS『リコカツ』水口美土里役で初のTVドラマレギュラー出演。ド緊張の私を温かく迎えてくれた北川景子さん。イケてるマーズちゃんとメッセージ最高！ありがとう♡
2023年	●TBS日曜劇場『Get Ready!』POC役。
2024年	●NHK大河ドラマ『光る君へ』に時姫役で出演予定。

Special Thanks

株式会社アーツビジョン

株式会社アクセルワン

株式会社81プロデュース

株式会社カラー

株式会社スターダストプロモーション

株式会社ＰＮＰ

有限会社エイチ・ビイ

マイファミリー

読者の皆さん

伊藤理佐　いとうりさ●1969年9月6日生まれの漫画家。三石琴乃さんがアニメ版でエビちゅ役を演じた『おるちゅばんエビちゅ』、『ヒゲぴよ』、『幸福のススメ』、『やっちまったよ一戸建て!!』などが代表作。『おいピータン!!』で第29回講談社漫画賞少女部門受賞。『女いっぴき猫ふたり』など一連の作品で第10回手塚治虫文化賞短編部門受賞。

樹々が葉を茂らせ、太陽を浴び、そして落葉させる。
土に返してまた養分として吸収する　自らの幹を太くするために。
そしてまた、新しい葉を茂らせる……
気づけば仕事を続けて30年以上の月日がたっており、
長いようなまだ短いような……
そう、三石ことのはまだ夢の途中です。
拙著「ことのは」には私の想いや湧き出た感情が
「言の葉」になり綴《つづ》られています。
生意気で勝手な思いも含め
ハラハラと目に見えるものになって降って来ました。
これは、今の私の「言の葉」。
これらを土に返し、また栄養にして吸収して
今度はどんな「言の葉」が茂ってくるのでしょう。
これからもご縁を大切にして、芸を磨き真面目に精進して参ります。
どうぞどうぞよろしくお願いします。

三石琴乃

三石琴乃　みついしことの●1989年デビュー。『美少女戦士セーラームーン』（月野うさぎ）で彗星のように人気声優に。『新世紀エヴァンゲリオン』（葛城ミサト）、『ONE PIECE』（ボア・ハンコック）、『名探偵コナン』（水無怜奈）、『呪術廻戦』（冥冥）など時代時代のヒット作に常に名を連ね、『ドラえもん』（野比玉子）、『クレヨンしんちゃん』（上尾ますみ）などの国民的アニメ、海外ドラマ『グレイズ・アナトミー』（メレディス・グレイ）、バラエティ番組やCMのナレーションなどで多岐にわたり活躍。近年はTBS『リコカツ』『Get Ready!』などのドラマ出演にも幅を広げ、常に第一線を走り続けている。

ブックデザイン	吉村 亮、石井志歩（Yoshi-des.）	構成	倉田モトキ
撮影	根本好伸	DTP	市岡哲司（主婦の友インフォス）
ヘアメイク	Chiaki	校正	東京出版サービスセンター
スタイリング	ナミキアキ	編集長	廣島順二（声優グランプリ）
衣装協力	ADELLY	編集担当	矢沢 泉（声優グランプリ）

ことのは

2023年4月30日　第1刷発行

著　者　三石琴乃《みついしことの》
発行者　廣島順二
発行所　株式会社主婦の友インフォス
〒101-0052　東京都千代田区神田小川町3-3
電話 03-3294-3616（編集）
発売元　株式会社主婦の友社
〒141-0021　東京都品川区上大崎3-1-1
目黒セントラルスクエア
電話 03-5280-7551
印刷所　大日本印刷株式会社

ISBN978-4-07-453530-9

■本書の内容に関するお問い合わせは、主婦の友インフォス・声優グランプリ編集部（電話 03-3294-3616）まで。
■乱丁本、落丁本はおとりかえいたします。主婦の友社販売部（電話 03-5280-7551）にご連絡ください。
■主婦の友インフォスが発行する書籍・ムックのご注文は、お近くの書店か主婦の友社コールセンター（電話 0120-916-892）まで。
※お問い合わせ受付時間　月～金（祝日を除く）9：30～17：30

主婦の友インフォスホームページ　https://www.st-infos.co.jp/
主婦の友社ホームページ　https://shufunotomo.co.jp/